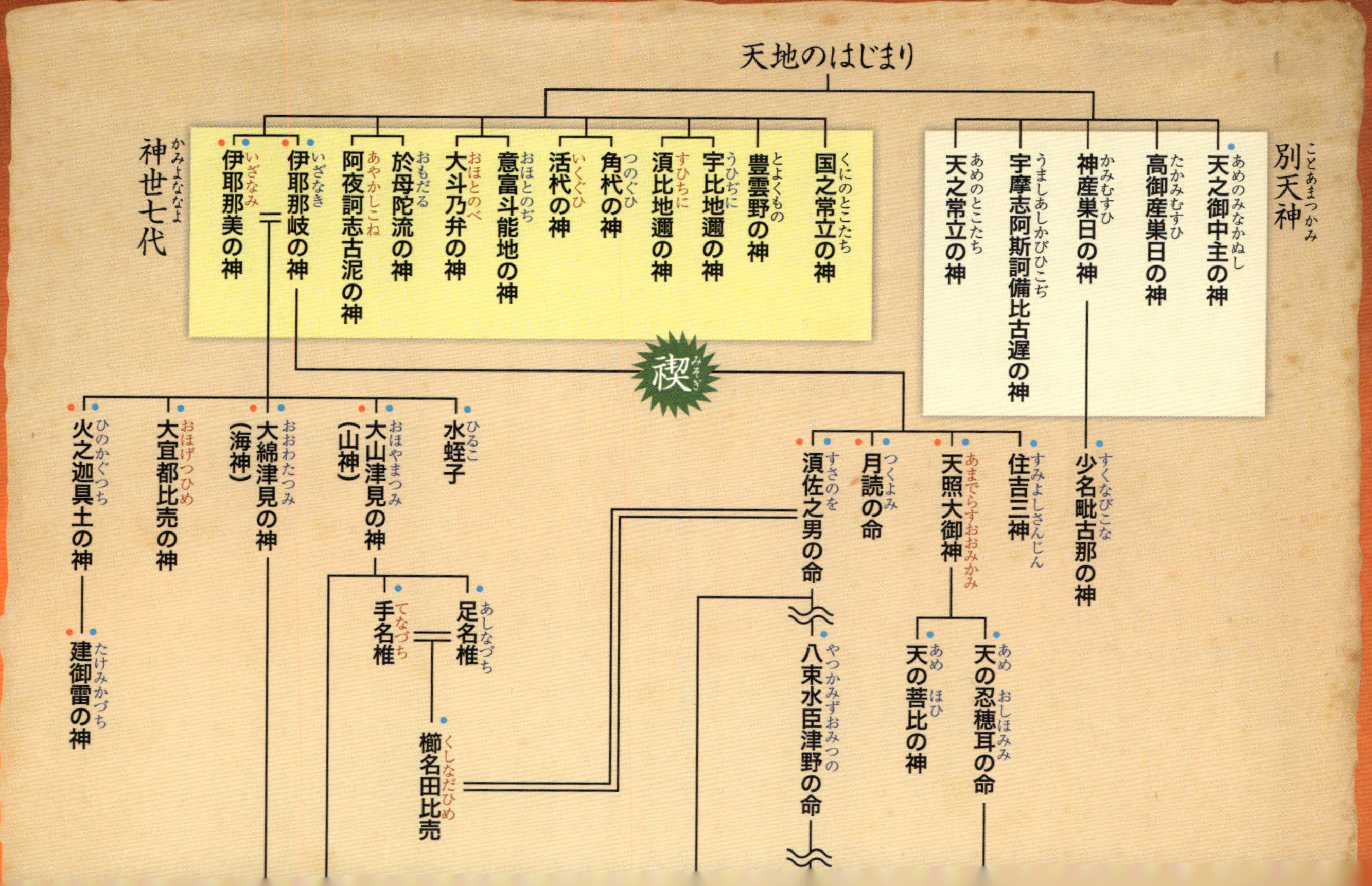
天地のはじまり
別天神《ことあまつかみ》
天之御中主の神《あめのみなかぬし》
高御産巣日の神《たかみむすひ》
神産巣日の神《かみむすひ》
宇摩志阿斯訶備比古遅の神《うましあしかびひこぢ》
天之常立の神《あめのとこたち》
神世七代《かみよななよ》
国之常立の神《くにのとこたち》
豊雲野の神《とよくもの》
宇比地邇の神《うひぢに》
須比地邇の神《すひちに》
角杙の神《つのぐひ》
活杙の神《いくぐひ》
意富斗能地の神《おほとのぢ》
大斗乃弁の神《おほとのべ》
於母陀流の神《おもだる》
阿夜訶志古泥の神《あやかしこね》
伊耶那岐の神《いざなき》
伊耶那美の神《いざなみ》
禊《みそぎ》
水蛭子《ひるこ》
大山津見の神《おほやまつみ》
(山神)
大綿津見の神《おおわたつみ》
(海神)
大宜都比売の神《おほげつひめ》
火之迦具土の神《ひのかぐつち》
建御雷の神《たけみかづち》
足名椎《あしなづち》
手名椎《てなづち》
櫛名田比売《くしなだひめ》
住吉三神《すみよしさんじん》
天照大御神《あまてらすおおみかみ》
月読の命《つくよみ》
須佐之男の命《すさのを》
天の忍穂耳の命《あめおしほみみ》
天の菩比の神《あめほひ》
八束水臣津野の命《やつかみずおみつの》
少名毗古那の神《すくなびこな》

伊邪那岐《いざなき》の神と
伊邪那美《いざなみ》の神が国を生み、
そこに日本がはじまりました。

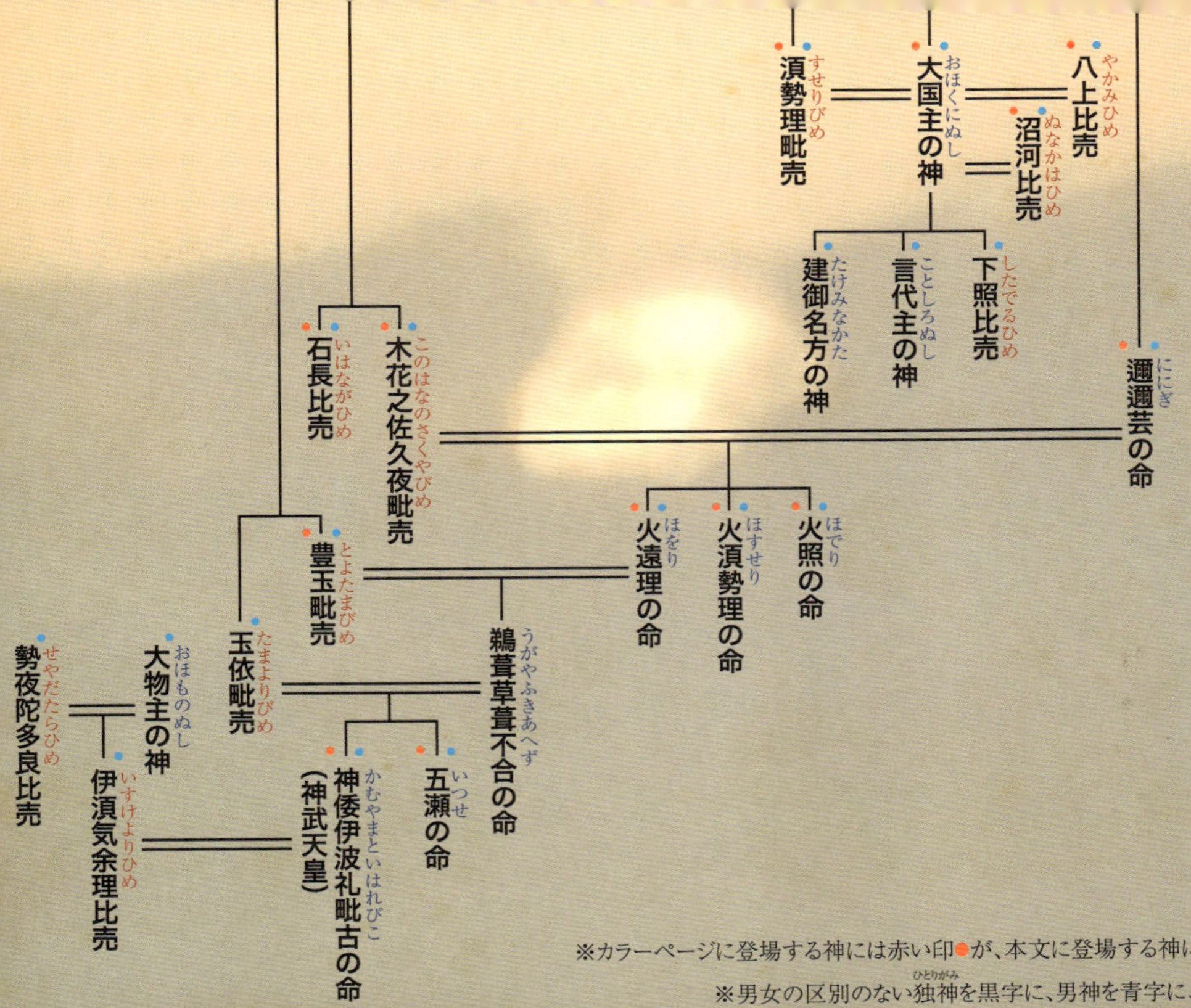

※カラーページに登場する神には赤い印●が、本文に登場する神には青い印●がついています。
※男女の区別のない独神《ひとりがみ》を黒字に、男神を青字に、女神を赤字で表しています。

火の神・ヒノカグツチを生んだイザナミは、陰処《ほと》に火傷を負って死んでしまいます。

怒り悲しんだ
イザナギが十拳剣《とつかのつるぎ》で
ヒノカグツチの
首を斬り落とすと、
剣の根元についた
血が飛び散って、
そこにタケミカヅチが
生まれます。

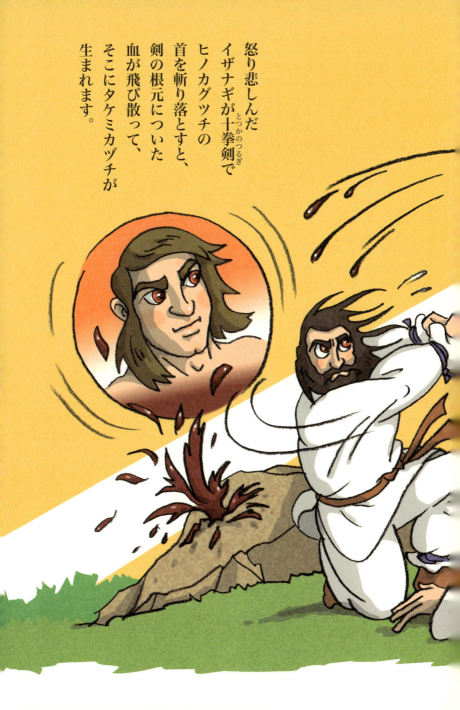

黄泉国《よみのくに》から戻ったイザナギが
禊《みそぎ》をして体を清めると、
左目からはアマテラス、
右目からツクヨミ、
鼻からはスサノオが
生まれました。
「なんと貴い三神が」
イザナギはとても喜んで、
昼の国と夜の国、
そして海原を、
3人の御子にゆだねました。

オオクニヌシは
たくさんの女神と契りを交わして、
百八十神《ももやそかみ》もの御子をつくります。
そのなかでも、
因幡《いなば》の白兎《しろうさぎ》のご縁で結ばれた
ヤガミヒメや、

スサノオの娘のスセリビメ、
翡翠《ひすい》の産地で有名な
越国《こしのくに》のヌナカワヒメは、
たいそう美しい姫でした。

ニニギが、
山の神・オオヤマツミの娘の
コノハナサクヤビメと
結ばれたことで、
子孫には山の神の霊力が
与えられます。
けれども、
ヒメの姉・イワナガヒメを
帰したことで、
不老不死だった天津神《あまつかみ》の末裔《まつえい》に、
寿命が与えられてしまうのです。

ホヲリが、
海の神・オオワタツミの娘の
トヨタマビメと契りを
交わしたことで、
子孫には
海の神の霊力が授かります。
そして、
意地悪な兄・ホデリの一族は、
未来永劫《えいごう》、
ホヲリに仕えることに
なりました。

兄のイッセとともに
東征《とうせい》に向かったカムヤマトイハレビコは、
白肩津《しらかたのつ》で敵の襲撃《しゅうげき》に合い、
イッセはそのときの傷が元になり
亡くなってしまいます。
カムヤマトイハレビコが初代天皇となるべく、
時代が動いていくのです。

大和の地を平定《へいてい》した
カムヤマトイハレビコが、
即位して
神武《じんむ》天皇《てんのう》となり、
ここに日本が
建国されました。

順説の古代史

創世紀のなかの
天皇と神話

上

▼順説の古代史［上］——◎目次

巻頭◎足利 仁　本文執筆◎足利 仁・廣瀬 由季
本文校正◎中田 真理亜
巻頭画／本文イラスト／装幀◎笹森 識
本文デザイン／図版／ＤＴＰ◎サッシイ・ファム

第1部

日本の神話

【01】

『古事記』は国内向けの、『日本書紀』は中国向けの歴史書だった

『古事記』は、現存する日本最古の歴史書です。そして、ほぼ同じ時期に、日本で初めての正史『日本書紀』が完成しました。ふたつの書物は、何が違うのでしょう？　誰がどんな目的でつくったのでしょうか。

古代日本最大の内乱といわれる「壬申《じんしん》の乱」に勝利した第40代・天武天皇《てんむてんのう》は、ふたつの歴史書の編纂《へんさん》を命じました。国家が編纂する正式な歴史書を「正史《せいし》」といいますが、多くの場合、ひとつの王朝が倒されたときに、次の王朝によって前王朝のことが書かれます。

天武天皇の御代に、日本の正史はありませんでした。初代・神武天皇《じんむてんのう》が即位してから、王朝が一度も交代していない国だからです。天武天皇は、日本の建国を伝えるために、正史を編纂するように命じたのです。

『古事記』と『日本書紀』に書かれている内容は、国家の正史という性格をもつ、日本の歴史です。

正史は『日本書紀』ですが、『古事記』も国家が編纂した歴史書なので、限りなく正史に近いものです。神話と思われる記述もおとぎ話ではなく、ときには比喩を使いながら、日本人の価値観や思想を伝えているのです。

『日本書紀』は中国向けに、『古事記』は国内向けに書かれました。

そのころの日本にとって中国は、巨大な経済力と軍事力をもつ世界の中心的存在でした。『日本書紀』は全30巻にわたり、中国に日本の歴史を示すことを目的に、当時の中国語で淡々と書かれています。

一方、『古事記』は、日本人が国内に向けて発信した国史で、自国の民を想う気持ちにあふれています。全3巻で、漢語の文法をとっていますが、地名や人名などの固有名詞は万葉仮名《まんようがな》を使っています。「万葉仮名」とは、漢字のもつ意味を捨てて音だけを取り入れた「表音文字」です。そのため『古事記』は漢字で埋まっていますが、中国人が読むことはできません。

【02】

日本の皇室は、世界最古で最長の王朝である

『古事記』や『日本書紀』には、神々が高天原《たかあまはら》から地上へと降り立ち、その子孫が天皇になっていく様子や系譜《けいふ》が綴《つづ》られています。そして、とくに『古事記』には、「アマテラスオオミカミの子孫である天皇こそ、日本を治める資格をもつ」という、天皇の祖先は神であることが強調されています。

『古事記』と『日本書紀』を合わせて「記紀」といいますが、「記紀」には神話が書かれています。神話はおとぎ話ではなく、そこには真実が含まれます。

文字のなかった時代には、歴史上のできごとを口伝《くちづた》えにして残すしか方法がありませんでした。長いときを経て、史実上の英雄は神として神話に登場するようになり、その業績が伝説になったのです。

日本が日本であるのは、『古事記』や『日本書紀』が元になっています。2月11日の「建国

記念の日」は、初代・神武天皇《じんむてんのう》が即位した日です。現代でも、内閣総理大臣は、天皇によって任命されます。国会議員の総選挙を発表するのも、天皇です。その「天皇」をどのようにして決めるのか、憲法には書いてありません。「記紀」に書かれているのです。

天皇の血筋は、神武天皇から始まります。

神武天皇は、太陽神・アマテラスの孫で地上に降り立ったニニギノミコトの曾孫《ひまご》です。天孫のニニギが天皇になったのではなく、ニニギが山の神の娘と結び、その子が海の神の娘と結ばれ、天と地がようやく結ばれて、初代・神武天皇が誕生したのです。そして、神武天皇の大和《やまと》の平定《へいてい》は、神武天皇の力だけでおこなわれたのではありません。悩み、苦しみ、それゆえに天上の神に助けられて、道を拓《ひら》くことができたのです。

日本の王朝は、神武天皇から今上天皇《きんじょうてんのう》（現在の天皇）まで、途切れたことがありません。日本は2000年以上に渡って天皇の血筋を守る、世界で最古の、そして最長の国家です。

【03】

天地が分かれて神々が誕生し、日本の国土がつくられた

『古事記』は、「天と地が初めて生まれたときに、高天原《たかあまはら》に天之御中主神《あめのみなかぬしのかみ》があらわれました」という一文から始まります。

世界ははじめ、天と地の区別がなく、混沌《こんとん》とした暗闇が広がっていました。やがて、その中の軽やかで澄んだエネルギーは上にのぼって天となり、重くよどんだエネルギーは下降して大地となりました。こうして世界が天と地に分かれたときに、天の世界の高天原に生まれたのが、アメノミナカヌシでした。「天の中心に位置する神」という意味の名をもつ、宇宙の根源の神です。

はじめのころの神は、男神《おがみ》と女神《めがみ》の区別がない「独神《ひとりがみ》」でした。神の数は「〜人」ではなく「〜柱《はしら》」と数えますが、最初の五柱を「別天神《ことあまつかみ》」といい、次は「神世七代《かみよななよ》」で、神世七代の3代目から7代目まで、男神と女神がともに生まれました。その5組の神はすべて兄と妹で、夫婦の関係でもありまし

た。現在の人間界のタブーである兄と妹の結婚は、神にとっては理想の形だったのです。

　そして、神世七代の最後が、国を生み、数々の神を生む、イ[※1]ザナギノカミとイ[※2]ザナミノカミです。

　二神《にしん》が国を生んだのは、自分の意志ではありません。神々の総意に従い、命《めい》を受けて、国や神を生むのです。そして生みっぱなしにしたのではなく、地上を治めるために、のちにニニギノミコトを降ろすのです。

イザナギとイザナミは、神力《しんりき》の宿った天沼矛《あめのぬぼこ》を渡されて、まだ不完全で混沌としていた大地を固めて国をつくるように命じられます。

二神は、天と地を結ぶ「天浮橋《あめのうきはし》」に立ち、天沼矛を海に下ろしました。そして、「こおろ、こおろ」とかき混ぜて矛を引き上げると、そこからポトリとしたたり落ちた塩が固まって、オノゴロ島※3ができました。

オノゴロ島に降り立ったイザナギとイザナミは、高天原の神々と心を通じさせるために、「天御柱《あめのみはしら》」という大きくて神聖な柱を建てました。そして、そこに「八尋殿《やひろどの》」という広い神殿を建て、その神殿で二神が交わります。

「ふた柱の神は天御柱を回り、互いの体の成り余るところと成り足りぬところを合わせて、男女の交わりをして国を生もうとします。けれども女神のイザナミのほうから誘いかけてしまったため、国生みは失敗してしまいます。二神が交わって生まれたのは、手足のないふにゃふにゃの蛭《ひる》のような子でした。がっかりした二神は、ヒルコ※4を邪気から守る呪力のある葦《あし》の船に乗せて、海に流してしまいます。続いて生まれたのも、泡のようにふわふわした淡島《あわしま》でした。

イザナギとイザナミは天津神《あまつかみ》にうかがいを立てて、女神から先に声をかけたことを反省して、今度は国生みを成功させます。淡路島、四国、隠岐の島、九州、壱岐、対馬、佐渡の島、本州と、次々に立派な島が生まれます。こうして、「葦原中国《あしはらのなかつくに》」と呼ばれる、地上世界ができあがりました。

国生みを終えたイザナギとイザナミは、今度は、大地の神、風の神、山の神、海の神など、自然を司る23もの神を生んでいきました。けれども二神の神生みは、ヒノカグツチノカミが生まれたところで途切れてしまいます。

イザナミは、火の神であるヒノカグツチを生むときに火傷を負って命が尽き、黄泉国《よみのくに》に隠れてしまいます。イザナギは、大切なものを失ってしまったのです。

※1・※2　イザナギノカミとイザナミノカミ
イザナギとイザナミの「イザナ」には「誘う」という意味があり、「ギ」は男性を、「ミ」は女性をあらわします。二神は、神々が誕生して初めて「男女」の神格をもち、交わったのです。

※3　オノゴロ島
瀬戸内海の東にある淡路島の下に位置する、とても小さな「沼島《ぬしま》」が、オノゴロ島だといわれます。

※4　ヒルコ
海に流されてしまったヒルコは、のちにエビス様として祀られるようになりました。古くから、海の彼方からやってくる神は幸せをもたらすといわれます。神話の重要な場面には、ときどき、海の彼方の「常世国《とこよのくに》」から神があらわれます。

【04】

黄泉の国から帰ったイザナギが禊をして、三貴神が生まれた

最愛の妻を失ったイザナギノカミは、悲しみのあまり、イザナミノカミの死の原因となった二神《にしん》の御子・ヒノカグツチノカミを斬り殺してしまいます。首をはねられたヒノカグツチの体からは炎がほとばしり、その血で辺りは真っ赤になりました。

剣よりしたたり落ちた血から、八柱の雷神や水神などが生まれ、死体からは八柱の山の神が生まれました。のちにオオクニヌシノミコトに国譲りを迫るタケミカヅチノカミは、このときに生まれた神です。

イザナミの死を受け入れることのできないイザナギは、愛するイザナミを連れ戻そうと、黄《よ》泉国《みのくに》に向かいました。けれども時はすでに遅く、黄泉国のかまどで煮炊きしたものを食べてしまったイザナミは、地上世界に戻ることができません。イザナミは深く悲しみ、「黄泉国の神々に相談してきます。その間、私を見ないでください」と言い残して、御殿に入っていきました。

どうしても我慢できなくなったイザナギは、イザナミのいる真っ暗な御殿に入り、髪に挿していた櫛《くし》の歯を一本折って、火を灯しました。そこでイザナギの目に飛び込んできたものは、腐った体にウジがまみれる、イザナミの変わり果てた姿だった

のです。

驚いたイザナギが逃げ出すと、怒り狂ったイザナミと鬼女たちが追いかけてきます。神力《しんりき》を使って、なんとか、黄泉国と葦原中国《あしはらのなかつくに》の境にある出雲国《いずものくに》の「黄泉比良坂《よもつひらさか》」までたどり着いたイザナギは、イザナミに桃※の実を投げつけて、大岩で道をふさぎました。

地上世界に戻ったイザナギと、黄泉国に残ったイザナミは、大岩をはさんで向かい合いました。イザナミは、「愛しい夫が裏切るなら、あなたの国の人々を、一日に１０００人絞め殺しましょう」と叫びます。それを受けてイザナギは、「それならば、私は一日に１５００人が生まれる産屋《うぶや》を建てよう」と応えます。

人間に寿命ができたのは、このときからです。私たちはイザナミの霊力によって命を落とし、イザナギの霊力によって命を授かっているのです。

黄泉国から逃げ帰ったイザナギは、禊《みそぎ》をして穢《けが》れてしまった体を清めようと、衣を脱いで川に入りました。この禊によって、たくさんの神が生まれます。道しるべの神や、時間をつかさどる神、穢れを食べてくれる神、災厄を引き起こす神、清浄な神……。海の守り神として霊力の高い「住吉三神《すみよしさんじん》」が生まれたのもこのときです。

そして、最後に顔をすすぐと、左目からはアマテラスオオミカミ、右目からツクヨミノミコト、鼻からはスサノオノミコトという、世にも美しい三貴神《さんきしん》が生まれました。イザナギは優れた三柱に大喜びしましたが、中でもアマテラスは別格でした。自分のつけていた、揺らすと美しい音を奏でる首飾りをアマテラスの首にかけ、「太陽の神であるおまえは、高天原《たかあまはら》を治めよ」と命じます。そして、月神のツクヨミには夜の世界を、雷神のスサノオには海を治めるように命じました。

ツクヨミは、古代の人々にとって大切な神です。ツクヨミの「ツク」は「月」を、「ヨミ」は「読む」のことで、暦を数えることを意味します。日本人は、明治時代のはじめまで月の満ち欠けを基準にする陰暦を使っていました。とりわけ、漁業を営む人たちにとって、月の動きを読むことは何より大切で、ツクヨミは壱岐の人々から、厚く信仰されたのです。

※桃の実
桃の実は、中国の『西遊記《さいゆうき》』にも登場する、古代より呪力があるとされてきた果物です。鬼退治をする桃太郎も、桃から生まれました。大和《やまと》政権の遺跡と考えられている纏向《まきむく》遺跡からは、大量の桃の種が発掘されました。桃が祭祀《さいし》に使われていたことは、考古学的にも認められています。

……【05】

アマテラスとスサノオは「誓約」をし、互いの持ちものから神々を生んだ

父・イザナギノカミの言いつけの通り、アマテラスオオミカミとツクヨミノミコトは、それぞれ、高天原《たかあまはら》と夜の国を治め始めました。ところが、スサノオノミコトだけは父の命令に従わず、「母に会いたい」と泣きわめいてばかりいました。その泣き声は、海や川を干上がらせ、草木を枯らし、ありとあらゆる災いを引き起こします。

怒ったイザナギは、葦原中国《あしはらのなかつくに》から、スサノオを追放してしまいました。

スサノオは母に会いにいく前に、姉のアマテラスに別れを告げようと、高天原に昇っていきました。スサノオが近づくにつれて、山や川が鳴り響いて大地震がおこり大地が揺れ動くので、アマテラスは弟が高天原を奪いにきたのではないかと疑います。そこでアマテラスは矢を背負い、弓を引いて、武装してスサノオの前に立ちました。

悪意がないことをスサノオがいくら説明しても、アマテラスはなかなか信じてくれません。

そこでふた柱の神は、誓約《うけい》※1をして子どもを生み、真意を確かめることにしました。

二神《にしん》は、高天原に流れる「天安河《あめのやすのかわ》」をはさんで立ちました。まず、アマテラスがスサノオの剣を打ち折って、勾玉《まがたま》を揺らしながら神聖な水ですすぎ、噛みに噛むと、吹き出した息の中に三柱の女神が現れます。これが、航海の女神・宗像三女神《むなかたさんじょしん》※2です。次に、スサノオがアマテラスの髪飾りの玉を噛み砕くと、五柱の男神が生まれました。このときに生まれたのが、のちに天《てん》孫降臨《そんこうりん》をするニニギノミコトの父・アメノオシホミミです。持ちものの所有者が親になる決まりだったので、女神たちはスサノオの、男神たちはアマテラスの子となりました。

「私の心に邪心がなく綺麗だったので、優しい女神を生むことができたのだ」とスサノオは勝利を宣言して、高天原に居座って、勝手気ままに暴れ回るようになりました。

※1 誓約
「誓約」とは、古代日本の占いの一種で、正しくは「受け霊《うひ》」といいます。魂が宿っているものを念入りに調べて選び、実体化して真意を確かめます。占いは神の意志を伺うもので、呪術や宗教が重要視されていた時代には、占いによって政治がおこなわれることもありました。室町幕府の第8代将軍で銀閣寺を建てた足利義政は、くじ引きによって将軍に選ばれました。

※2 宗像三女神
スサノオの勾玉から生まれた宗像三女神は、筑紫《つくし》の豪族・宗像氏が、海上交通で栄えた沖ノ島に祀った神で、大規模な祭祀《さいし》遺跡が見つかっています。

【06】

八百万の神々が智恵をしぼり、アマテラスを岩戸から引きだした

スサノオノミコトは誓約《うけい》によって邪心がなかったことを証明すると、慢心に駆られ、高天原《たかあまはら》の畑を荒らしたり、御殿に糞をまき散らしたりと好き勝手に大暴れします。アマテラスオオミカミは、かつてスサノオを疑ったことへの後ろめたさから大目に見ていましたが、ついに事件が起きてしまいます。スサノオが、神々に捧げる神聖な衣を織る機《はた》織り小屋の屋根から皮をはいだ馬を投げ入れると、機織女《はたおりめ》はそれに驚き、陰処《ほと》に機織りの細い木が刺さって死んでしまいます。アマテラスの心は傷つき、スサノオの蛮行《ばんこう》に怒り、反省を促すために、天岩戸《あまのいわと》に閉じこもりました。

太陽神が隠れてしまったので、世界からは光が消え、天も地も闇に包まれました。悪霊たちがうごめき、嵐や大地震などの天変地異が、次々におこるようになりました。

困り果てた高天原の神々は、寄り集まって相談しました。知恵の神・オモイカネの思いつきで、天岩戸の前に祭壇がつくられ、鏡や勾玉《まがたま》が捧げられました。このときの鏡と勾玉が、天皇の皇

位継承のしるし「三種の神器《じんぎ》」のうちの2つになるのです。

祭壇の前で、手に鈴をつけた女神・アメノウズメノミコトが胸や陰処をあらわにして一心不乱に踊ると、その舞いに心を打たれた神々は喜び笑い、その声を聞きつけたアマテラスは、笑いにつられるように、自ら戸を開きます。こうして、世界に光が戻ったのでした。

このエピソードは、皆既《かいき》日食を表したものと考えられます。古代の人々にとって、太陽が突然消える現象は、神の怒り以外の何物でもない、極めて不吉なものとされました。

【07】

高天原を追われたスサノオは誤って女神を殺し、その女神から五穀が生まれた

スサノオノミコトは、アマテラスオオミカミを天岩戸《あまのいわと》にこもらせて世界が闇に包まれるという大事件を引きおこして神々の怒りをかい、罪の償いとして全財産を没収され、ひげも爪も抜かれて、高天原《たかあまはら》を追放されます。

お腹を空かせたスサノオは、食物の女神・オオゲツヒメのもとに立ち寄りました。ところが、女神が自分の鼻や口、お尻からいろいろな食べ物を取りだす姿を見て、汚いものを出されたとかんちがいしたスサノオは、女神を斬り殺してしまいます。すると不思議なことに、オオゲツヒメの頭からは蚕が、目からは稲穂が、耳からは粟が、鼻からは小豆が、陰処《ほと》からは麦が、お尻からは大豆が生えてきました。

このくだりは、死と再生という自然のサイクルをあらわす逸話として、私たち人間も大自然の循環の一部であることを教えてくれています。

同じテーマの神話は世界各地に見られ、インドネシアが原型になっています。

インドネシアのある村に、ココヤシの花から生まれたハイヌヴェレという少女がいました。ハイヌヴェレはいろいろな宝物を大便として出すことができたので、祭りのときに村人に大便を配りましたが、怒った村人たちに生き埋めにされてしまいます。悲しんだ父親が遺体を掘りおこして刻み、別々の場所に埋めると、そこからさまざまな種類のイモが生まれ、そのおかげで人々は、イモを栽培できるようになりました。

オオゲツヒメの話は、この神話が日本に伝わり、イモからイネに変化したと考えられます。

【08】

スサノオは出雲に降りて ヤマタノオロチを退治して、英雄になった

出雲国《いずものくに》にたどり着いたスサノオノミコトが斐伊川《ひいがわ》のほとりを歩いていると、上流から箸《はし》が流れてきます。近くに人が住んでいるに違いないと思ったスサノオが川上に向かうと、老夫婦と若い娘がさめざめと泣いています。アシナヅチノカミとテナヅチノカミという名の老夫婦には、8人の娘がいましたが、ヤマタノオロチという化け物によって毎年ひとりずつ食べられてしまったのです。そして、もうすぐ、最後に残ったクシナダヒメも食べられてしまう日が近づいているというではありませんか。

ヤマタノオロチは、目がホオズキのように赤く、ひとつの胴体に頭が8つ、尻尾も8つあり、体には苔や杉の木が生えていて、8つの谷と8つの峰にまたがるほどの大蛇です。

スサノオは、オロチを退治するかわりにクシナダヒメを妻にもらうことを約束すると、ヒメを櫛《くし》の姿に変えて髪に挿し、老夫婦に8つの酒樽に強い酒を用意させて大蛇を待ちました。やがてオロチがやってきて、8つの頭を樽に突っこむと、ぐびぐびと酒を飲み干します。スサノ

オが、酔いつぶれた大蛇めがけて剣を振り下ろして切り刻むと、8つめの尻尾から、見事な剣が出てきました。

神々しい光を放つこの剣こそ、のちの「三種の神器《じんぎ》」のひとつ、「天叢雲剣《あめのむらくものつるぎ》」です。

ヤマタノオロチを退治したスサノオは、クシナダヒメを娶《めと》り、出雲国の須賀《すが》に宮殿を建てました。

こうしてスサノオは、荒くれる神から出雲の英雄神へと成長を遂げたのです。

【09】

もうひとりの英雄神・ヤツカミズオミツノが、出雲の国土を広げた

ヤマタノオロチを退治して英雄となったスサノオノミコトは、須賀《すが》の地に宮殿をかまえて、出雲国《いずものくに》の創造神となりました。こうして神話の舞台は、高天原《たかあまはら》から葦原中国《あしはらのなかつくに》の出雲へと移ります。

「記紀」には登場しませんが、出雲国には、もうひとりの英雄神として絶大な人気を誇る、力持ちの巨神がいます。※1『出雲国風土記《いずものくにふどき》』の「国引き神話」に登場する「ヤツカミズオミツノノミコト」です。スサノオの玄孫《やしゃご》で、オオクニヌシノミコトの祖父でもあり、『古事記』に出てくるオミヅヌと同じ神ともいわれます。

ある日、ヤツカミズオミツノは出雲国を見渡して、「この国はできたばかりの、細長い布のような小さな国だ。どこかの土地を引っぱってきて縫いつけよう」と思いつきました。海の向こうを眺めると、朝鮮半島の新羅《しらぎ》にあまった土地があるではありませんか。

大きな鋤《すき》でざくざくと土地を切りとって、大きな杭をぐさりと打ちこみ、大綱をかけて、「国よ来い、国よ来い」と言いながら力いっぱい引っぱりました。ゆっくりと動いてきた新羅の土

地は出雲にくっついて「杵築《きづき》の地」になり、杭は「※2佐比売山《さひめやま》」に、綱は「薗《その》の長浜」になりました。そして、次々に「狭田《さだ》の国」、「闇見《くらみ》の国」、「三穂《みほ》の国」を引き寄せます。このときの杭は「※3火神岳《ひのかみたけ》」に、綱は「※4夜見《よみ》の島」になりました。こうして、島根半島ができあがったのです。

さて、出雲国を広げたヤツカミズオミツノは、力仕事を終えてホッとひと息つきました。森の木陰に杖を突き立て、「オウ」と喜びの声をあげたので、現在の島根県松江市にあ

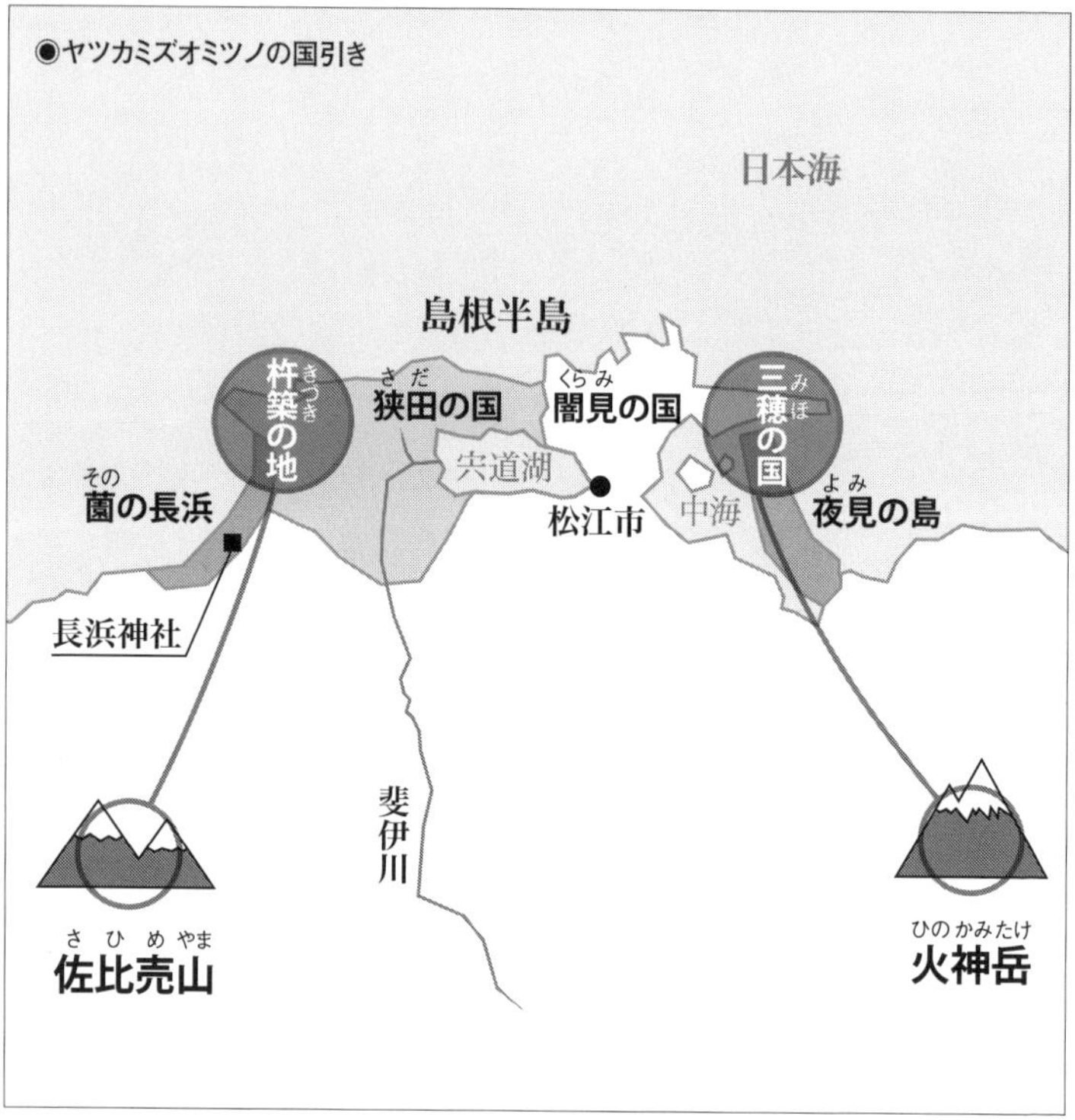

◉ヤツカミズオミツノの国引き

たるこの地は、「意宇《おう》」と呼ばれるようになりました。

国引きの神話は、スケールの大きな話ですが、ここに出てくる地名は、実際の地理にとても忠実です。

縄文時代は、今よりも海面が2~3メートル高く、日本列島の平野部には海が入りこんでいました。その後、地面が盛り上がり、火山灰が積もって、広大な平野になりました。

出雲国引き神話は、縄文時代には島だった島根半島が、弥生時代のころに本州と陸続きになって、稲作ができる農地が増えたことを祝う話となったのです。
ヤツカミズオミツノを祀る「長浜神社」は、国引きのときの綱にあたる「薗の長浜」にあります。綱を引いて国土を広げたという神話から、スポーツの上達や不動産の守護神として崇められていましたが、豊臣秀吉が朝鮮出兵をする際に百日祈願をしたり、加藤清正《きよまさ》などの名だたる武将が参拝したことにより、「勝負に勝つ神」としても信仰を集めています。

「記紀」には、「出雲」と命名したのはスサノオと記されていますが、『出雲国風土記』では、ヤツカミズオミツノが名づけの親と書かれています。出雲地方で、ヤツカミズオミツノは、国引きの偉大な業績と合わせ、国土創造の神として崇められているのです。

こうして、スサノオに始まった出雲王朝は、ヤツカミズオミツノによって国土を広げ、西は朝鮮半島、東は北陸地方と交流する巨大な王国となり、オオクニヌシの登場を待つのです。

※1 出雲国風土記
『出雲国風土記』は、出雲の地名や土地の様子、特産物、言い伝えなどを書き記した書物です。

※2 佐比売山　現在の三瓶山《さんべさん》
※3 火神岳　現在の大山《だいせん》
※4 夜見の島　現在の弓ヶ浜

……【10】

心優しいオオクニヌシは白兎を助け、ヤガミヒメの心も射止めた

出雲国《いずものくに》のオオクニヌシノミコトは、大勢の乱暴な兄弟神の末っ子で、美男で賢く、心の優しい神でした。

ある日、兄弟神たちは美しいと評判のヤガミヒメにプロポーズしようと、オオクニヌシに重たい荷物をもたせて、因幡国《いなばのくに》に向かいました。気多《けた》の岬を通りかかると、皮をはがされて真っ赤になったウサギが泣いています。隠岐の島に住んでいたウサギは、どうしてもこの国に来たくなり、ワニザメをだましてその背中をぴょんぴょん伝わりながら渡ってきましたが、あと一歩というところで嘘がばれ、怒ったワニザメに皮をはがされてしまったのです。

意地悪な兄弟神は面白がって、「海水につかれば治るよ」と嘘を教えます。ウサギの傷はますますひどくなり、のたうち回っているところに、一番後ろを歩いていたオオクニヌシがやってきました。オオクニヌシは、体中の皮膚がさけて瀕死のウサギをかわいそうに思い、「川の水で体を洗って、ガマの穂の上に転がってごらん」と教えます。その通りにしたウサギは、見

違えるほど元気になって喜び、「ヤガミヒメが夫に選ぶのはあなたです」といいました。その予言通り、ヤガミヒメは心の優しいオオクニヌシを夫に選んだのです。

因幡国は、現在の鳥取県にある、翡翠《ひすい》の原産地でした。一方、出雲国では弥生時代前期から、勾玉《まがたま》や管玉《くだたま》つくりが盛んにおこなわれていました。オオクニヌシがヤガミヒメと結婚することで、出雲は翡翠の産地も手に入れたのです。

【11】

オオクニヌシは数々の試練を乗り越え、葦原中国の支配者になった

兄弟神は、オオクニヌシノミコトがヤガミヒメの心を射止めたことが、悔しくてたまりません。そこで、オオクニヌシを殺してしまおうと陰謀《いんぼう》をめぐらせました。

「我々が赤いイノシシを追うから、おまえは崖の下でつかまえろ」。兄弟神はオオクニヌシに命令すると、真っ赤に焼いた大きな岩を、山の上から転げ落としました。落ちてくる岩をイノシシと思って受けとめたオオクニヌシは、焼かれて死んでしまいます。

それを聞いて嘆き悲しんだ母神は、赤貝の女神と蛤《はまぐり》の女神にオオクニヌシを生き返らせてくれるように頼みました。赤貝の貝殻を削った粉を蛤の汁で溶いた薬を体に塗ると、オオクニヌシは息を吹き返して元気になりました。

けれども、兄弟神は諦めません。今度はオオクニヌシを、大木の割れ目に挟んで殺します。母神はオオクニヌシを抱きしめて助けると、※1紀伊国《きいのくに》のオオヤビコのもとにいかせます。オオヤビコは、追いかけてくる兄弟神から、オオクニヌシを洞窟につながる穴に逃がし、根の国に住

むスサノオノミコトを訪ねるようにいいました。

オオクニヌシを出迎えたのは、スサノオの娘・スセリビメです。ふたりは、ひと目で恋に落ちて結ばれます。スサノオは、娘から「出雲国《いずものくに》から麗《うるわ》しい神がいらっしゃいました」と聞くと、オオクニヌシの力を試そうと、3つの試練を与えます。

ひとつ目の試練は、無数のヘビのうごめく室屋《むろや》で眠ることでした。

スセリビメはこっそりと、呪力のある「領巾《ひれ》※2」を渡すと、「ヘビに襲われそうになったら、これを3回振ってお払いなさいませ」といいました。その通りにすると、ヘビはすっかりおとなしくなり、オオクニヌシはぐっすり眠ることができました。

翌日はオオムカデとハチのあふれる部屋で眠るようにいわれましたが、同じようにピンチを切り抜けます。

ふたつ目の試練は、火攻めです。

スサノオは、野に放った矢を取ってくるようにオオクニヌシに命じると、頃合いを見計らい、周囲に火を放ちます。みるみるうちに炎が広がり、オオクニヌシは逃げ場を失いますが、小さなネズミがあらわれて、「中はほらほら、外はすぶすぶ」と告げました。「中はがらんどうで、外はすぼまっているということか」と理解したオオクニヌシは、穴に隠れて命を取り留めます。矢は、ネズミがもってきてくれました。

3つ目の試練は、スサノオの頭にたかるシラミを取ることです。ところがそれはシラミではなく、無数のムカデだったのです。オオクニヌシは、スセリビメからもらった赤い実を噛み、ムカデを噛み殺しているふりをします。

スサノオが気を許して寝込んだすきに、オオクニヌシはスサノオの髪を柱に結びつけ、※3生太《いくた》刀《ち》、生弓矢《いくゆみや》※4、天《あめ》の詔琴《のりごと》をもって、スセリビメを連れて逃げました。木に当たった琴の音で目を覚ましたスサノオはふたりを追いかけますが、地上世界の入り口の黄泉比良坂《よもつひらさか》で追うのを諦めて叫びます。

「その生太刀と生弓矢で兄弟神を倒し、葦原中国《あしはらのなかつくに》を支配する王になれ。そして、スセリビメを正妻にして、高天原《たかあまはら》に届くほど立派な宮殿を建てよ」

こうして多くの試練を乗りこえて地上の支配権を手にしたオオクニヌシは、スセリビメやヤガミヒメのほかにも多くの女神と交わり、180柱もの子どもに恵まれました。

オオクニヌシには、オオナムチノカミ、ヤチホコノカミ、オオモノヌシノカミなど、多くの別名があります。名前や妻子の数の多さから、各地域の土着の神が統合され、さまざまな地域で信仰されるようになったと考えられます。

※1 紀伊国
現在の和歌山県全域と三重県南部

※2 領巾
古代の女性が用いた装身具のひとつで、両肩にかけて左右にたらした、スカーフのような長い布です。スセリビメがオオクニヌシに渡した領巾は、のちに、大和《やまと》朝廷の祭祀《さいし》をつとめる物部《もののべ》氏に伝わったといわれます。

※3 生太刀・生弓矢　死人を生き返らせるほどの呪力をもつ、神の宝としての太刀と弓矢

※4 天の詔琴　神のお告げを聞くときに使う、神聖な琴

【12】

海から来たスクナヒコナとともに農耕を広め、医療と温泉も広めた

国づくりをしていたオオクニヌシノミコトは、出雲国《いずものくに》の御大《みほ》の御前《みさき》で、とても小さな神に出会います。蛾《が》の羽でつくられた服を着た神は、海の彼方から、ガガイモでできた船に乗ってやってきました。

名をスクナヒコナノカミといい、医薬や温泉、酒造、農業などの知識をもつ多彩な神でした。二神は兄弟の契りを交わして、ともに国を豊かにします。また、人々が若くして死ぬのを悲しんで、数々の温泉を見つけました。伊豆や箱根の温泉の起源も、ここにあります。スクナヒコナは知っていることをすべて伝えると、彼方の国に帰っていきました。

一寸法師や桃太郎、かぐや姫などのおとぎ話に登場する「小さ子《ちいさご》」は、スクナヒコナがモデルになっています。小さいながらも国づくりをおこなうという異才を発揮したことが、ほかの「小さ子」の物語を生み出したのです。

◉国津神と出雲神話の関係

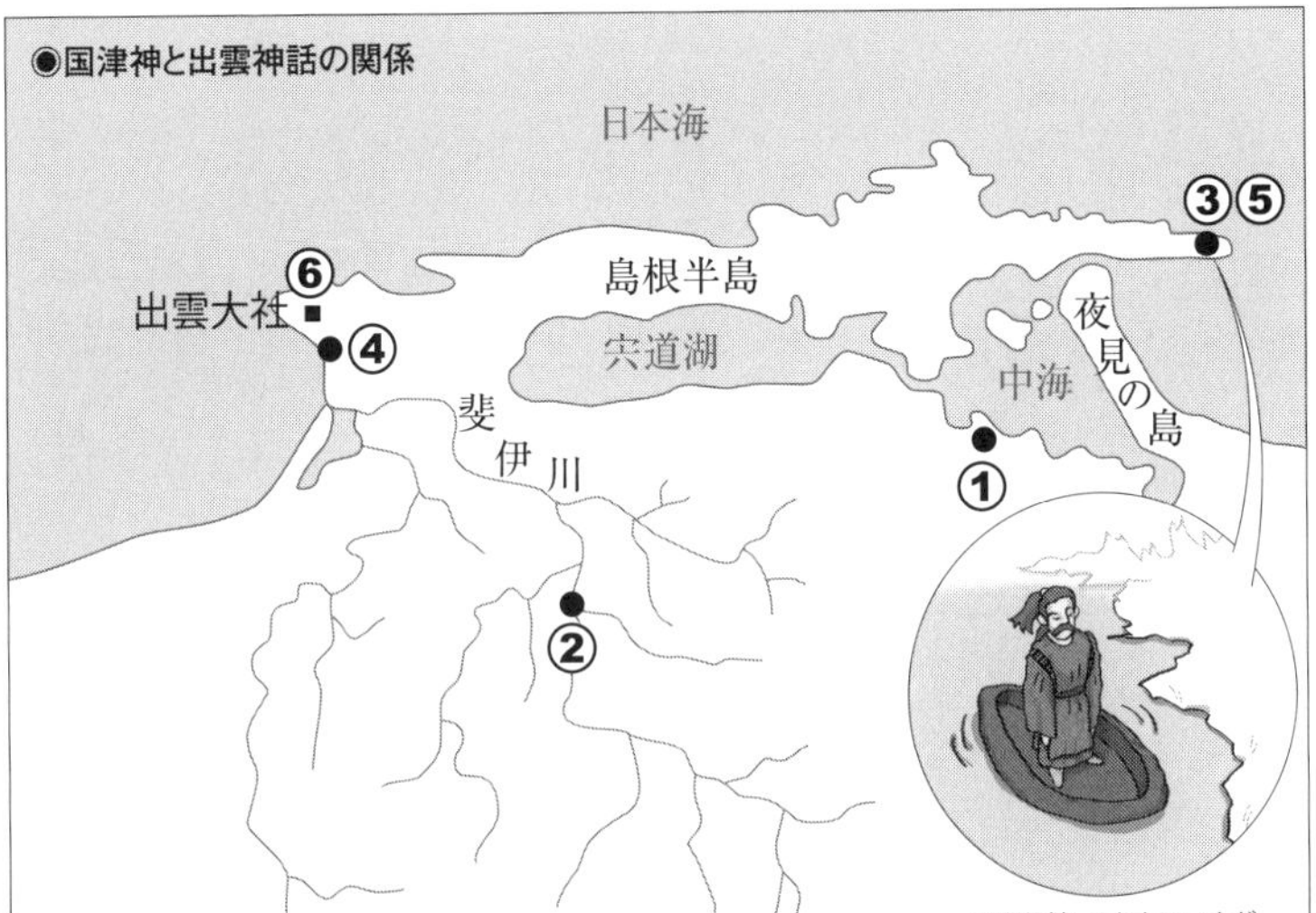

小さな神・スクナヒコナが
海の彼方からやってきた

① 黄泉の国訪問
イザナギが、死んだイザナミに会うために黄泉の国に向かった

② ヤマタノオロチ退治
スサノオが、荒ぶるヤマタノオロチを退治した

③ 国づくり
オオクニヌシとスクナヒコナが出会い、一緒に国造りをはじめた

④ 国譲り…（1）
タケミカヅチが伊那佐《いなさ》の小浜に降り立ち、オオクニヌシに国譲りを迫った

⑤ 国譲り…（2）
国譲りのときに、コトシロヌシが魚釣りをしていた

⑥ 国譲り…（3）
オオクニヌシは、宮殿を建てることを条件に国譲りを承諾した

【13】

大和の守護神・オオモノヌシを祀り、国づくりが完成した

スクナヒコナノカミが去り、オオクニヌシノミコトは、ひとりで国づくりを完成できるものか、大きな不安に駆られます。そのときに、海を光り輝かせながら、ひと柱の神がやってきました。名をオオモノヌシノカミといい、「私はあなたの幸魂《さきみたま》※1、奇魂《くしみたま》※2。大和《やまと》の東の山に私を祀れば、国づくりに協力しよう」と告げます。

海の彼方からやってくる神は幸福をもたらすと考えられていましたが、スクナヒコナと同じく遠い海から訪れたこの神も、明るい未来をもたらします。

オオクニヌシが、大和地方の東にある三輪山《みわやま》に祀ると、オオモノヌシは多くの女神と交わって、かまどの神や田の神など、人間の生活に役立つ神をたくさん生みました。

このようにして、オオクニヌシは、天津神《あまつかみ》のスクナヒコナと、大和の神となったオオモノヌシの力を借りて、ついに国づくりを終えたのです。

大和地方の土着の神で、自然界を支配する雷神だったオオモノヌシは、「記紀」のさまざまなところに登場します。オオクニヌシや、のちの天皇に祀られることで、大和王権の守護神になり、天皇家と密接な関係が築かれたためです。

オオモノヌシとセヤダタラヒメの間に生まれたイスケヨリヒメが、初代・神武天皇と結婚したことで、オオモノヌシは天皇家の祖先にもなりました。

第10代・崇神天皇《すじんてんのう》の御代には、三輪山に鎮座するオオモノヌシをきちんと祀らなかったことにより、国中に疫病が流行りました。これは、土着の神のオオモノヌシが、大和を支配するようになった天皇を、祟りによって戒《いまし》めるエピソードでもあります。

「オオモノ」が「偉大な霊力」を意味することから、オオモノヌシは、強大な呪力をもつ神とされています。

オオモノヌシを祀る三輪山のふもとにある大神《おおみわ》神社の境内には、本殿がありません。山そのものがご神体で、三輪山は神が宿る山として信仰されているのです。

※1　幸魂　物ごとを栄えさせる力　※2　奇魂　物ごとを整える力

【14】

アマテラスの神意を汲んで、オオクニヌシが国を譲った

オオクニヌシノミコトの治める葦原中国《あしはらのなかつくに》は賑《にぎ》やかに栄えますが、アマテラスオオミカミは、地上に多くの荒ぶる神がいることを嘆き、末永く繁栄させるために、高天原《たかあまはら》の神々が地上世界を治めるべきと考えるようになりました。

アマテラスは息子のアメノホヒを遣わして、オオクニヌシに国を譲らせることにしました。ところが、葦原中国に降り立ったアメノホヒは、オオクニヌシの人柄にすっかり惚れこんで、国譲りを言い出せないまま3年が過ぎてしまいます。

次の使者はアメノワカヒコです。アメノワカヒコは、オオクニヌシの美しい娘・シタデルヒメと恋に落ちて結婚し、出雲国《いずものくに》の王になろうと企んでいました。8年経っても便りのないことを不審に思ったアマテラスは、キジのナキメに伝言を託して送り出しますが、アメノワカヒコはナキメを射殺してしまいます。その矢は高天原に飛んでいき、タカムスビノカミの手によっ

て投げ返され、アメノワカヒコの命を奪いました。

3人目の使者に選ばれたのは、タケミカヅチノカミです。タケミカヅチは、イザナギノカミが、イザナミノカミを死に至らしめた息子・ヒノカグツチノカミを斬り殺したときに生まれた、神聖な剣の神です。このとき、すでに隠居していたオオクニヌシは、タケミカヅチから国譲りを迫られると、その決定を、ふたりの息子に任せました。

ひとりめの息子のコトシロヌシノカミは、すぐに国譲りを受け入れました。ふたりめのタケミナカタノカミはタケミカヅチに力比べを挑みますが、力の差は歴然で、かなわないことを悟ると国譲りを受け入れます。こうして、天津神《あまつかみ》が地上世界を治めることになりました。

天津神の子孫で天皇の系譜へとつながる大和《やまと》王権は、4世紀の終わりごろに九州から東国へ遠征し始めて、各地の王や民と戦いながら大和の地を目指しました。

その際に、地元の神々を大和の神と結びつけ、このように神話の中に取りこんでいったのです。

[15]

大和朝廷は、強国・出雲王朝を話し合いで従えた

『古事記』の三分の一は出雲国《いずものくに》の神話といわれるほど、出雲は神話の多い国です。そのため、出雲には強力な国家があり、オオクニヌシノミコトの国譲りは、出雲国が大和国《やまとのくに》に征服されたことを示すものと考えられました。

けれども、出雲には大きな遺跡がひとつもなく、出雲王朝は謎に包まれていました。

それを変えたのが、1983年の、島根県にある荒神谷《こうじんだに》遺跡の発見です。その地からは、358本の銅剣《どうけん》と、6個の銅鐸《どうたく》、そして16本の銅矛《どうほこ》が出土し、続いて発掘された同じ島根県の加茂岩倉《かもいわくら》遺跡からは、39個の銅鐸が見つかりました。

出雲を征服した大和国には、銅鐸を使う習慣がありません。出雲国には、間違いなく、大和と異なる文化をもった巨大勢力が存在したのです。

銅鐸は、朝鮮半島で使われた馬の鈴が大きくなったものです。

そのため、銅鐸の文化のある出雲は、朝鮮半島からやってきた人々が中心となってつくった

国ともいわれます。『日本書紀』に記されている、出雲王朝の祖先に当たるスサノオノミコトが、ヤマタノオロチを退治する前に朝鮮半島に降り立っていたというくだりも、その裏づけになります。

大和国は、3世紀後半から、北九州、出雲、吉備の統一を進め、4世紀半ばころに出雲を支配下に入れました。

大きな戦争や文化が途切れた様子がないこと、出雲の宗教が現在まで受け継がれていること、出雲大社が残されていることから、神話に書かれている通り、オオクニヌシの国譲りが、世界的にも例のない、話し合いでおこなわれたことが分かります。

紀元前38年の、第10代・崇神天皇《すじんてんのう》の御代に、出雲平定《へいてい》を思わせるエピソードがあります。あるとき、崇神天皇は出雲の神宝《しんぽう》を見たいと望まれましたが、それを管理していた出雲の振根《ふるね》はあいにく留守にしていました。そこで、弟の飯入根《いいいりね》がかわりに神宝を献上しましたが、あとから知った振根は激怒して弟を殺してしまいます。それを受けて、崇神天皇は、兵を派遣して振根を倒します。このことから、出雲内部での対立や、出雲王朝が大和朝廷に服従していた様子がうかがえます。

【16】

オオクニヌシが鎮座した出雲大社は、日本最大の神殿だった

オオクニヌシノミコトが国譲りをするときのたったひとつの条件は、出雲の地に、天津神《あまつかみ》の御子の光り輝く宮殿のように地の底に届くほどの柱を立て、高天原《たかあまはら》に届くほど高くに社をかかげた壮大な宮殿をつくり、そこにオオクニヌシを祀ることでした。

平安時代に記された『口遊《くちずさみ》』という書には、「雲太《うんた》、和二《わに》、京三《きょうさん》」と記されています。

当時の建物の高さを示したもので、一位は出雲大社（雲太）、二位は東大寺大仏殿、三位は平安京の大極殿《だいごくでん》です。

出雲大社はその高さのため、何度も

オオクニヌシと大和朝廷との約束で、巨大な社が建てられた。当時の最高技術を結集して創建された宮殿は、高さ96メートルにも達したといわれる。直径1メートル35センチの太さの柱を3本組み合わせ、合算すると3メートルを超える木柱が神殿を支える構造になっていた。

倒れて再建されています。

1744年、江戸時代の第115代・桜町天皇《さくらまちてんのう》の御代に造られた現在の出雲大社は、本殿の高さが神社建築としては群を抜く24メートルもありますが、かつては48メートルあったといわれます。

そして、神話にある96メートルもの高さが事実だとすると、当時の可能な限りの技術をもちいてつくられていたことになり、オオクニヌシの願いを叶えるという、強い思いがあったことをうかがわせます。

◉古代の出雲大社

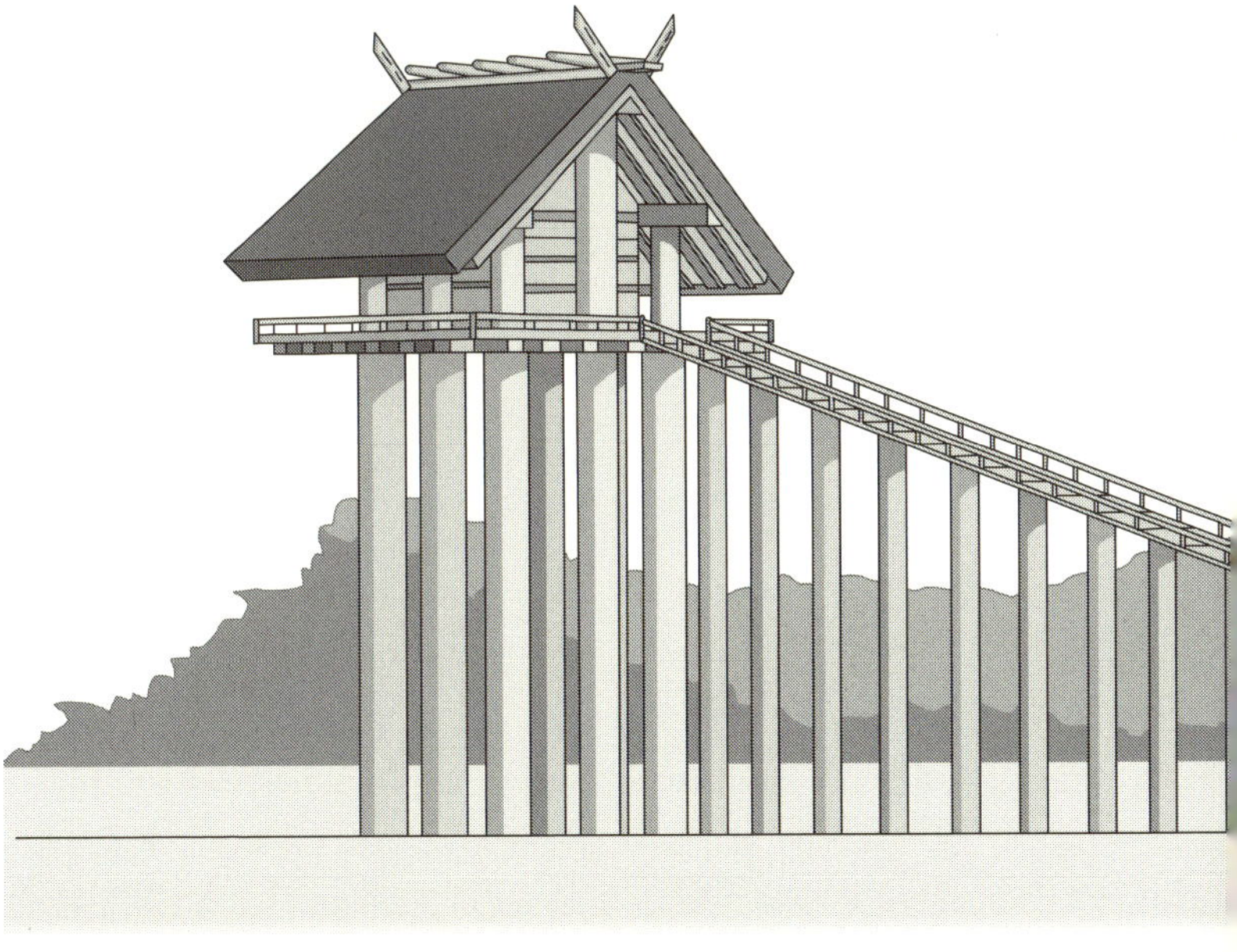

【17】

アマテラスの孫・ニニギが、三種の神器とともに降臨した

オオクニヌシノミコトが国を譲ると、アマテラスオオミカミは孫のニニギノミコトを遣わします。ニニギは、アマテラスから与えられた「三種の神器《じんぎ》」の八咫鏡《やたのかがみ》、八尺瓊勾玉《やさかにのまがたま》、天叢雲剣《あめのむらくものつるぎ》をもって、神々とともに地上世界に降り立ちました。

アマテラスが天岩戸《あまのいわと》に隠れたときにつくられた「八咫鏡」は「神聖」を、同じときにつくられた「八尺瓊勾玉」は「豊穣」を、スサノオノミコトがヤマタノオロチを退治したときに尻尾から見つけた「天叢雲剣」は「権力」を象徴し、いまも皇位継承のしるしとして伝わっています。

ニニギがいよいよ下界に降りようとするとき、天と地をつなぐ道が八方に分かれているところに、仁王立ちしている神がいます。長い鼻に光る口、赤いホオズキのような目をした異形の神は、光り輝き、上は高天原《たかあまはら》を、下は地上世界を照らしていました。

その神はサルタビコノカミといい、アメノウズメ[※1]が、なぜ道をふさいでいるのかをたずねる

と、ニニギたちの道案内をするために待っていたと答えました。

サルタビコの案内で、一行は葦原中国《あしはらのなかつくに》にある、※2日向国《ひむかいのくに》の※3高千穂《たかちほ》に降り立ちました。これを、天孫降臨《てんそんこうりん》といいます。

高千穂の地は、イザナギノカミが禊《みそぎ》をして、太陽神・アマテラスが生まれた場所なのです。

※1　アメノウズメ
アマテラスが天岩戸にこもったときに、一心不乱に歌舞《うたまい》を舞った女神です。かよわい女でも、ほかの神と向かい合ったときに気後れしないとして、その実力をアマテラスに認められています。

※2　日向国　現在の宮崎県

※3　高千穂
宮崎県には、「高千穂の峰」がふたつあります。ひとつは宮崎県の北西部にあり、もうひとつは南部の鹿児島県との県境にあります。どちらも天孫降臨の有力な候補地とされています。

……【18】

コノハナサクヤビメは不義の疑いを晴らすために、火中で出産した

ニニギノミコトが笠沙《かささ》の岬を歩いていると、コノハナサクヤビメという絶世の美女に出会いました。ニニギはすぐに、ヒメの父であり山の神でもあるオオヤマツミノカミに、結婚の許しを求めます。

オオヤマツミはとても喜んで、たくさんの嫁入り道具と一緒に、姉のイワナガヒメも贈ります。古代の結婚は家同士の結びつきなので、ひとりの男性に姉妹が嫁ぐのは、ふつうにみられることでした。ところが、ニニギはあまりに醜いイワナガヒメに恐れをなして、その日のうちに帰してしまいます。

オオヤマツミは深く悲しみました。「イワナガヒメをそばに置いてくだされば、石のように変わらぬ寿命を、コノハナサクヤビメをそばに置けば、木に咲く花のように栄える子孫を残すと、ふたりの娘を差し上げました。これから、御子の子孫の命は、花のようにはかなくなってしまうでしょう」。

このときから、天津神の子孫・天皇に寿命ができてしまうのです。

ニニギと枕を交わしたコノハナサクヤビメは、身ごもります。けれども、ニニギはたった一夜の契りで子どもができるはずはない、ほかの神の子であるに違いないと疑います。

怒り悲しんだヒメは、「天津神《あまつかみ》であるあなたの御子ならば、何があっても無事に生まれます。それ以外の子なら、決して生まれることはないでしょう」と誓約《うけい》をして、出入り口を閉じた産《う》屋《ぶや》にこもって火を放ち、燃えさかる炎の中で子を生みました。

こうして生まれたのが、ホデリノミコト、ホスセリノミコト、ホヲリノミコトの三柱です。ニニギは山の神の娘を娶《めと》り、その子孫は、山の神の霊力を受けることになりました。

※ 笠沙の岬
現在の鹿児島県西南部にある、野間岬《のまみさき》といわれます。

【19】

ニニギの子・ホヲリは、海神の娘と恋に落ちて海の支配権を得た

ニニギノミコトとコノハナサクヤビメとの間に生まれた御子には、ホデリノミコトとホヲリノミコトがいました。兄のホデリは魚を獲り、弟のホヲリは狩りをしたので、海幸彦《うみさちびこ》、山幸彦《やまさちびこ》とも呼ばれます。

あるとき、ホヲリは、ホデリが大切にしている釣り針を、海に落としてなくしてしまいます。自分の剣を砕いて500もの釣り針をつくって渡しましたが、ホデリは許してくれません。海岸で泣いているホヲリの前に、潮流をつかさどるシオツチノカミがあらわれて、海神・ワタツミノカミのもとに導きます。そこで、ホヲリはワタツミの娘・トヨタマビメと結ばれました。

ワタツミの助けを得て釣り針を見つけたホヲリは、地上に戻り、呪いの言葉とともに、ホデリにそれを返します。このときから、ホデリの子孫の隼人《はやと》は、ホヲリの子孫・のちの朝廷に仕える身となりました。

月日が流れ、ホヲリのもとに、身ごもったトヨタマビメが訪れます。

ホヲリは産屋《うぶや》を用意しますが、できあがる前にヒメは産気づき、隙間だらけの小屋で子を生むことになりました。「決して見ないでくださいね」と産屋に入りますが、こっそりのぞいたホヲリが目にしたものは、のたうち回るサメの姿です。

別世界から来たものは、子を生むときに本来の姿に戻るのです。ヒメは夫に見られたことを悲しみ、御子を残して海に帰っていきました。

天孫・ニニギの御子で、山の神の霊力を得たホヲリは、海神の娘と結ばれました。そして、その子孫は、海の神の霊力も受けることになるのです。

【20】

天孫降臨したニニギの曾孫・カムヤマトイハレビコが天下を統一して、初代天皇になった

天孫・ニニギノミコトが地上に降り立ち、山の神の娘・コノハナサクヤビメを娶《めと》ってご縁をつなぎ、その御子・ホヲリノミコトは、海の神の娘・トヨタマビメと結婚しました。その子孫は、山の神と海の神の霊力に守られ、そして、日の御子の血筋を引いています。

ニニギの子のホヲリの御子は、トヨタマビメの妹神・タマヨリビメと結ばれ、4人の子を授かりました。その末の子こそが、カムヤマトイハレビコで、のちの神武天皇《じんむてんのう》です。

ニニギの曾孫《ひまご》・カムヤマトイハレビコは、兄のイツセノミコトと相談して、荒ぶる国津神《くにつかみ》や豪族を服従させて天下を平安に治めるために、日の昇る東の地に向かって旅立ちました。

天下平定《へいてい》が、日の御子である、彼らの使命だからです。

ふた柱の神は、日向《ひむか》をたち、豊国《とよのくに》の宇佐《うさ》※1、筑紫《つくし》※2、阿岐国《あきのくに》※3、吉備《きび》※4と順調に進みましたが、大阪

湾にある白肩津《しらかたのつ》で地元の豪族・トミビコの襲撃に遭い、イツセは深手を負ってしまいます。「太陽の子である我々が、日の昇る方向に敵を見て戦ったのが間違いだった。南に回りこんで、太陽を背にして攻めるのだ」。旅の途中、その言葉を最後にイツセはなくなりますが、カムヤマトイハレビコはその作戦に従って軍を進めます。

熊野村[※5]に差しかかったときに、戦況が変化します。熊の姿をした邪神の毒気に当たって一行が意識を失うと、タカクラジという名の見知らぬ人があらわれていいました。「アマテラスオオミカミの命《めい》で、国譲りのときにオオクニヌシノミコトを従わせた、タケミカヅチノカミの剣をもって参りました」。カムヤマトイハレビコがその太刀をひと振りすると、みなが元気になり、地元の荒ぶる者たちが倒れていきます。アマテラスはさらに、案内役として、ヤタガラスを遣わしました。

アマテラスの力添えで、その後はしばらく順調な旅が続きましたが、宇陀《うだ》[※6]の地では、豪族・エウカシとオトウカシの兄弟が反乱を企てて、待ちかまえていました。兄のエウカシは、遣いのヤタガラスを鏑矢《かぶらや》で射って追い返しますが、援軍を思うように集められません。そこで、エウカシは御殿に罠を仕掛けて、一行を宴に招待しました。けれども、カムヤマトイハレビコに協力したオトウカシの密告により、エウカシは、みずからつくった罠にはまって死んでしまい

ます。一行はその後も、土雲《つちぐも》のヤソタケルや、エシキとオトシキの兄弟など、いくつもの戦いを切り抜けて、苦戦しながらも勝利を重ねます。

そして、最後には、天津神《あまつかみ》の子孫である、天より降ったニギハヤヒが、かつてイツセに致命傷を負わせたトミビコを従えて、援軍に駆けつけました。

こうして、大和《やまと》の地にたどり着いたカムヤマトイハレビコは、紀元前660年の元旦、太陽暦では2月11日に、初代・神武天皇として即位し、ここに日本が建国されたのです。

神武天皇は即位したのち、大和の土地の神・オオモノヌシノカミの美しい娘である、イスケヨリヒメを娶ります。この結婚は、神武天皇が、太陽の神、山の神、海の神と、新たに加わった国津神の力を受け継ぐことを表し、同時に歴代の天皇は、天津神と国津神の両方を先祖にもつことになりました。

神武天皇は、地上界を治める、絶対的な権力の礎《いしずえ》を築いたのです。

※1〜※6
宇佐（現在の大分県北部）、筑紫（福岡県北西部）、阿岐国（広島県西部）、吉備（岡山県全域と広島県東部）、熊野村（和歌山県中南部）、宇陀（奈良県北東部）の地図は、59ページに掲載しています。

◉神武天皇の東征

神武天皇は、父をウガヤフキアエズ、母をトヨタマビメという。ウガヤとは、上伽耶であり、その出身を表している。神武天皇の諡号（送り名）は、ポリネシア語の音韻では、「カムヤマトイワレヒコ」という。「諸国を巡り歩いたあとに、とても大きな沼地のある大和の地を征服した天皇」という意味がある。沼地といえば、スサノオはヤマタノオロチを退治したのち、斐伊川の上流にある八重垣神社に新居を構えた。そして、晩年は、須佐神社で過ごした。そこは、出雲平野にあり沼地のそばにあった。湿地に生息する葦などから鉄バクテリアが得られるからであったと思われる。鉄バクテリアから鉄を得て鉄製品をつくったのである。神武天皇も、知っていたのであろうか。いずれも沼地がキーワードであり、鉄との関連が深い。また、沼は古代から人があまり足をはこばないことから神聖な場所と意識されていた。さらに重要な要素として、葦が生息する沼地は豊作の地なのである。ここに本拠地をおくことは、クニの繁栄が約束されることでもある。つまり、神武天皇は沼地のある大和を征服したのである。3世紀末のころ、伽耶国に異変がおきていた。伽耶は12部族で構成された国であったが、南部の5、6の伽耶族は、そののち本伽耶となり、上伽耶と分かれた。本伽耶は人口が増えていくなかで、倭への移住が始まっていったというのである。そののち、百済が押し寄せる前に、上伽耶は倭にクニを求めて出発していくのである。このときすでに、北九州や九州の中部あたりは、下伽耶《あらかや》が支配していた。それを避けるように鹿児島の大隅半島に上陸したという。そこから山岳地帯を支配しながら勢力範囲を拡大していった。日本神話のなかでは、「はじめ皇祖神が九州の日向の高千穂峰に降臨し、丘づたいに野間岬にたどりついた」となっている。そののち、その末裔である神武天皇が出現する。神武天皇であるカムヤマトイワレビコと兄の五瀬命《いつせのみこと》は、天下を平定するための相談をしていたという。ここは、西により過ぎていてふさわしくないということとなった。皆、意気投合してヤマトを目指すことになった。物資や兵をのせる船の建造にはよいところであった。木材の調達も便利であったらしい。ここ、日向の美々津には天然の砦である大海の荒波を防ぐ岬があり、港はその河口にあった。準備が整い、神武天皇一行は、日向の地からヤマトを目指し東征していくのである。

古事記から、神武天皇の足取りを追いかけてみよう。

◉神武天皇の東征ルート

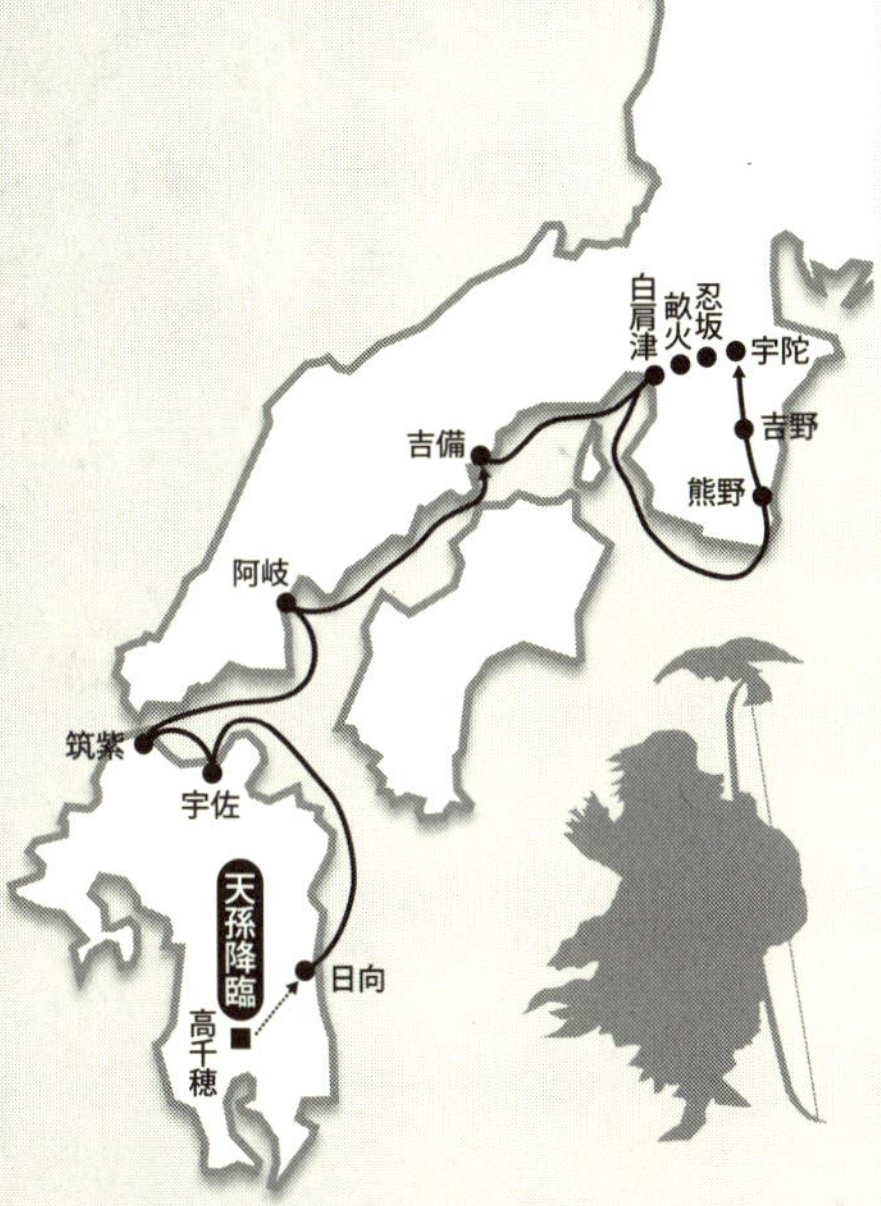

ヤマトには、多くの先住民がクニをつくっていることを承知のうえでの東征であった。ヤマトに近づくにつれて、指揮官である神武天皇に差し迫った緊迫感はあるが、兵も同じであったろう。しかし、神武天皇には威厳と策があり、兵のだれもがそれに酔しれていた。

神武天皇が、先に北九州の岡水門に立ち寄ったのには、重大な意味が含まれているのである。進軍先のヤマトを兵糧攻めにするためであった。稲のことではない。鉄の配給ルートを抑えるためであったと思われる。思い出してほしい。弥生時代中期後半の北九州には鉄の保存量が多く、畿内にはほとんど流通していない時代があった。九州勢が瀬戸内の流通と経済を制御していたのである。正に、時代の変革の幕開けのころである。このころ、出雲は北九州と共存し鉄資源を確保していた。神武天皇が東征できたのは、この辺の海流や地形を知り尽くした地元の国造にあたる国津神を臣下として迎えられたことが大きな要因であると思われる。このために、一路、西に進路を変えたのである。ヤマト攻めの布石を打つためであった。

　東征の順路に話を戻すと、神武天皇一行は、宇佐《うさ》（大分県宇佐郡）に立ち寄り菟狭《うさ》国造の祖・菟狭津《うさつ》彦《ひこ》と菟狭津媛《うさつひめ》の歓待を受けた。宇佐から、岡水門《おかのみなと》（福岡県遠賀郡芦屋町）に立ち寄り、1年を過ごした。ここから、瀬戸内海を通りヤマトを目指した。安芸《あき》国（広島県安芸郡）に寄り7年を過ごす。そして、安芸から吉備国へ。吉備で8年を過ごし軍備を整えたという。吉備を出れば、ヤマトの難波はもうすぐ目と鼻の先であった。ここまで、16年が過ぎていることになる。軍備を整えて、難波岬（大阪市中央区）に上陸した。ここで、淀川を遡り、河内国の草香邑《くさかむら》（大阪府東大阪市日下町）に着いた。そこから龍田《たった》（奈良県北葛城郡王寺町）にいくはずであったが、道が狭いうえに伏兵を恐れて引き返した。次に、生駒山を越えてヤマトを目指したが、長髄彦が応戦してきた。このとき、神武天皇の兄である五瀬命が負傷した。日（太陽）に向かって戦うのは、天の道に反していたので戦いに負けたと判断した。そこで、紀伊半島を迂回して熊野からヤマトを目指すこととなった。

　神武天皇一行はヤマトを目前にしたとき、強敵であった物部の祖神であるニギハヤヒを迎え入れることができた。そののち、次々と先住の多くのクニを征服していった。そして、ついに、ヤマトを平定したのである。

吉岡　節夫

第2部

旧石器時代

《第1章》▶極東の地・日本に人類がやってきた

《第2章》▶日本における、旧石器時代の人々の暮らし

【21】

氷河期が終わって海面が上がり、日本は島国になった

長い歴史の中で、地球は温暖期と寒冷期をくり返してきました。近いところでは、700万年前に「氷河期」に入り、1万年前から温暖化が始まりました。

左のページの図のように、氷河期の中でも、4万年から10万年のサイクルで、厳寒の「氷期」と、比較的温かい「間氷期」が交互に訪れます。地球が、太陽の周りを回るコースが変わるからです。

「氷河期」の中でもいちばん新しい「氷期」は2万3000年前で、気温は現在より7度ほど、海面は100メートル以上も低く、大陸と地続きになることもありました。

気温が下がると、川から海に流れるはずの水が雪や氷になって陸にとどまり、海の水が減って海水面が下がるのです。現在の北半球では、陸地の10％ほどを氷河が覆っているだけですが、このときは、全陸地の30％近くが氷河に覆われました。北海道や東北、北アルプスにも氷河がありました。

◉氷河期と温暖化

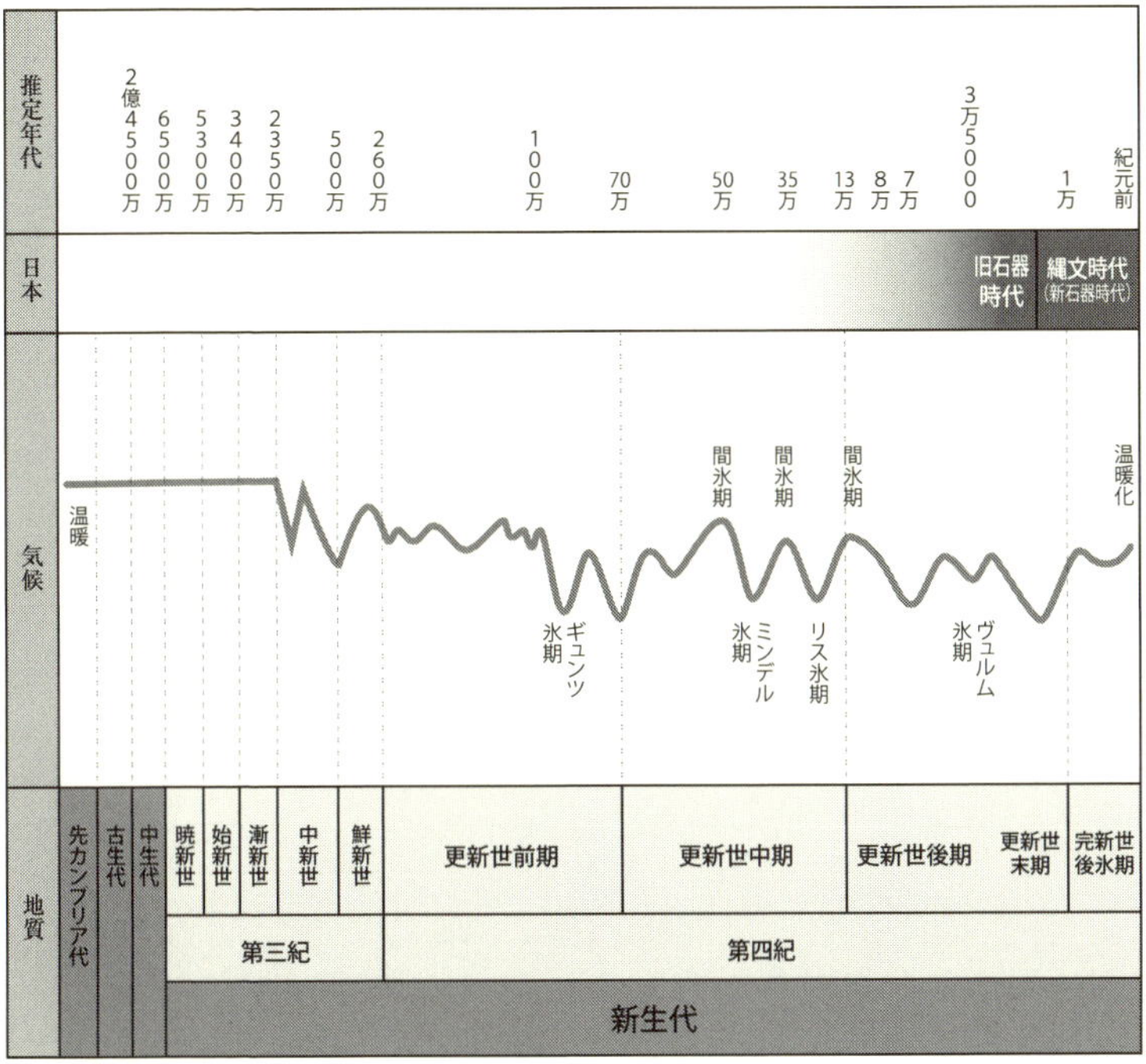

縄文時代（新石器時代）の頃に温暖化がはじまり、約1万年前に日本列島は大陸から離れた。

当時、日本は、北海道は樺太《からふと》（サハリン）とつながり、ロシアへの道ができました。本州と四国と九州はすべてつながり、陸続きになっていました。

1万5000年前に氷河期が終わって温かくなると、海面が再び上昇して、1万年前ごろに日本は島国になりました。旧石器時代から縄文時代への過渡期のころです。

こうして、日本列島は日本海によって大陸から完全に切り離されて、日本特有の生物が分化したのです。

【22】

日本人は、大陸から大型動物を追ってやってきた

日本には、いつごろ、人類がやってきたのでしょうか。

一番の証拠になるのは、化石の人骨です。けれども、日本列島で、化石人骨はほとんど見つかりません。日本にはたくさんの火山があって、そこから噴きだす灰は酸性が強いため、土の中に埋まった骨は長い時間をかけて分解され、ほとんど残っていないためです。

これまでに発掘された化石人骨には、沖縄の港川人《みなとかわじん》や、石垣島の白保竿根田原人《しらほさおねたばるじん》、静岡の浜北人《はまきたじん》がありますが、2万年よりも新しいものです。

旧石器時代の人々の暮らしを示すほとんどのものが、消えてなくなってしまいました。

化石人骨は失われてしまいましたが、石器や、石器をつくるときに出る石のかけらは分解されにくいので、よく見つかります。

南関東や東海地方にある関東ローム層からは、3万5000年前の石の斧が見つかりました。もっと古いと思われるものも発掘されますが、現段階では確かな証拠はありません。

◉2万年前の日本列島と化石・人骨の分布

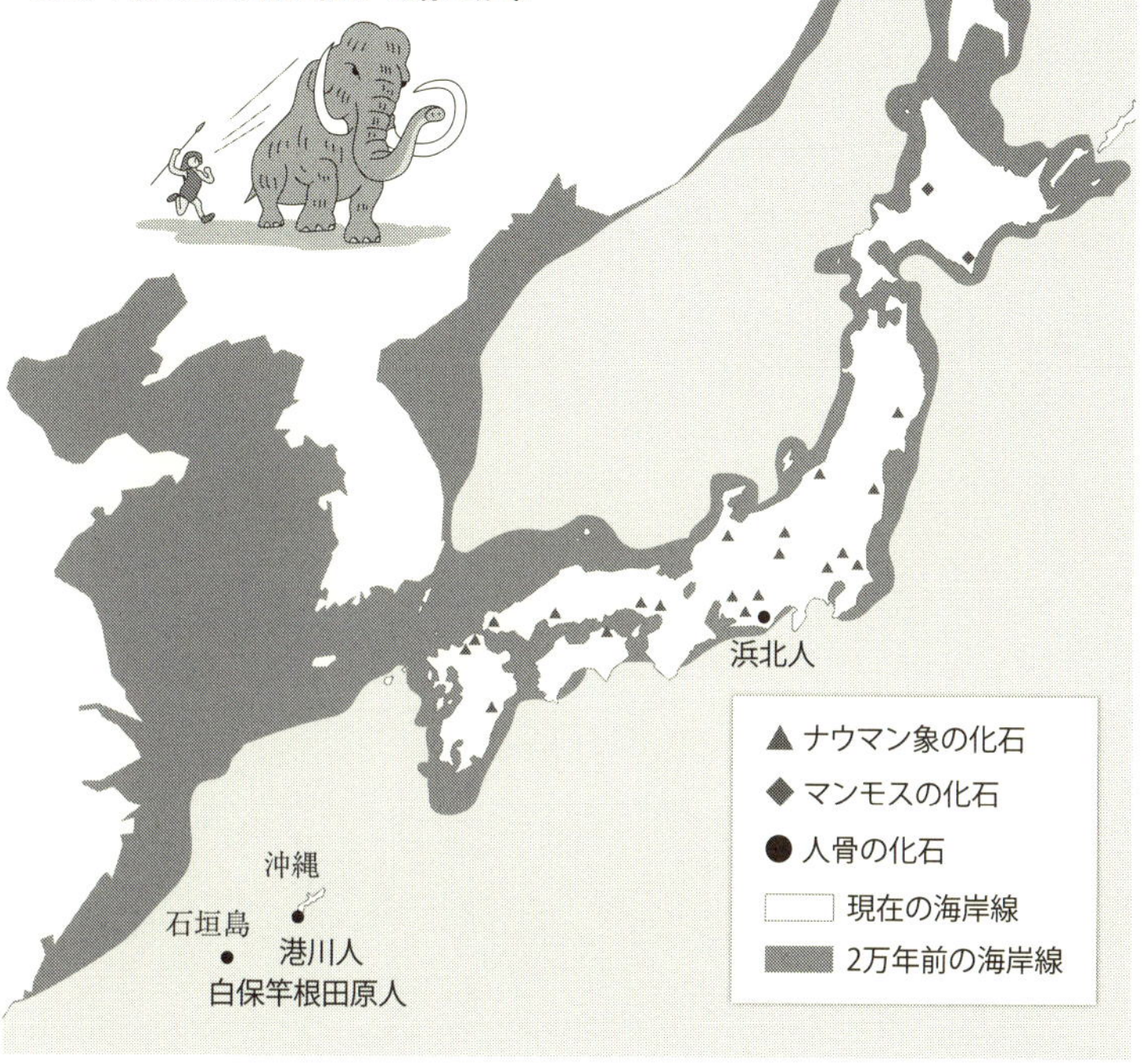

このことから、日本で旧石器時代が始まり、人類が日本にやってきたのは、大体３万５０００年前ごろと思われます。

当時の日本は氷期で海水面が低く、陸続きになることもありました。朝鮮半島からはナウマンゾウやオオツノジカが、北の樺太《からふと》（サハリン）からは北海道を通ってマンモスやヘラジカがやってきました。

人類はこれらの動物を追って日本に渡り、広がっていきました。

【23】

世界最古の磨製石器は、日本で見つかった

歴史的には多くの場合、打製石器が広まったあとに、磨製石器があらわれます。けれども、日本で見つかっている一番古い石器は、打製石器ではなく磨製石器です。世界史では、打製石器を使う時代を「旧石器時代」、磨製石器や土器を使う時代を「新石器時代」と区分しますが、日本の旧石器時代には、すでに磨製石器が使われていました。

打製石器を特徴とする旧石器時代に、磨製石器が見つかるのは、世界でもまれで、日本の旧石器時代の大きな特徴です。

打製石器は、石を打ち砕いた石器で、サルでもつくることができます。

これに対して、磨製石器は、打製石器をほかの石ですり合わせるようにして磨き、凹凸をなくした石器です。光沢があり、刃のように鋭く、何かを切ったときに刃をスムーズに抜くことができるため、くり返して使うことのできる高度な石器です。

日本では、3万5000年前に人類が大陸から渡ってきたころ、すでに磨製の石斧《せきふ》がありました。これが、世界最古の磨製石器です。

磨製石斧とは、刃の表面をなめらかに磨いて鋭くした石の斧です。全国の100か所以上の遺跡から出土していますが、とくに多いのは長野県の野尻湖周辺で、250もの磨製石斧が砥《と》石《いし》と一緒に見つかりました。

磨製石斧のほとんどは、環状ブロックから出土します。環状ブロックとは、旧石器時代の人々がともに暮らし、協力し合って大型動物の狩りをして解体をした場所です。

磨製石斧は、3万年前に、忽然《こつぜん》と姿を消しました。

旧石器時代が終わりにさしかかるあたりから、綺麗な形をした石器がつくられるようになりました。黒曜石やサヌカイト、ガラス質の安山岩《あんざんがん》を材料にした磨製の石器です。丁寧に薄く削ってつくられた、もろくて実際には使えないような石槍も見つかりました。見せるためだけの宝物だったと考えられます。

【24】

狩猟に使う槍が、道具の始まりだった

日本の旧石器時代には、磨製石器のほかに、打製石器も使われました。長野県の野尻湖周辺からは、ナウマンゾウやオオツノジカの骨や歯の化石と一緒に、磨製石斧《せきふ》だけでなく、石でつくったナイフなどの打製石器が見つかっています。

打製石器には、地方色があらわれています。

2万8000年から1万9000年前にかけて、本州を中心に、ナイフ形石器が流行しました。黒曜石やサヌカイトなどの石を割ってできた刃を片方残し、もう片方は、たたいてつぶします。槍先として使い、鋭くとがった先端で、獲物の肉を切り裂きました。

2万5000年前ごろには、九州地方を中心に、大きなナイフ形の石器が広まります。朝鮮半島でも見つかっていることから、朝鮮から日本に伝わったものと考えられます。

このころ、北海道やシベリアでは、細石刃《さいせきじん》というカミソリの刃のように薄い石器がつくられました。トナカイやシカの角《つの》でつくった長い槍の横に、たくさんはめこんで使います。軽くて

◉有舌尖頭器

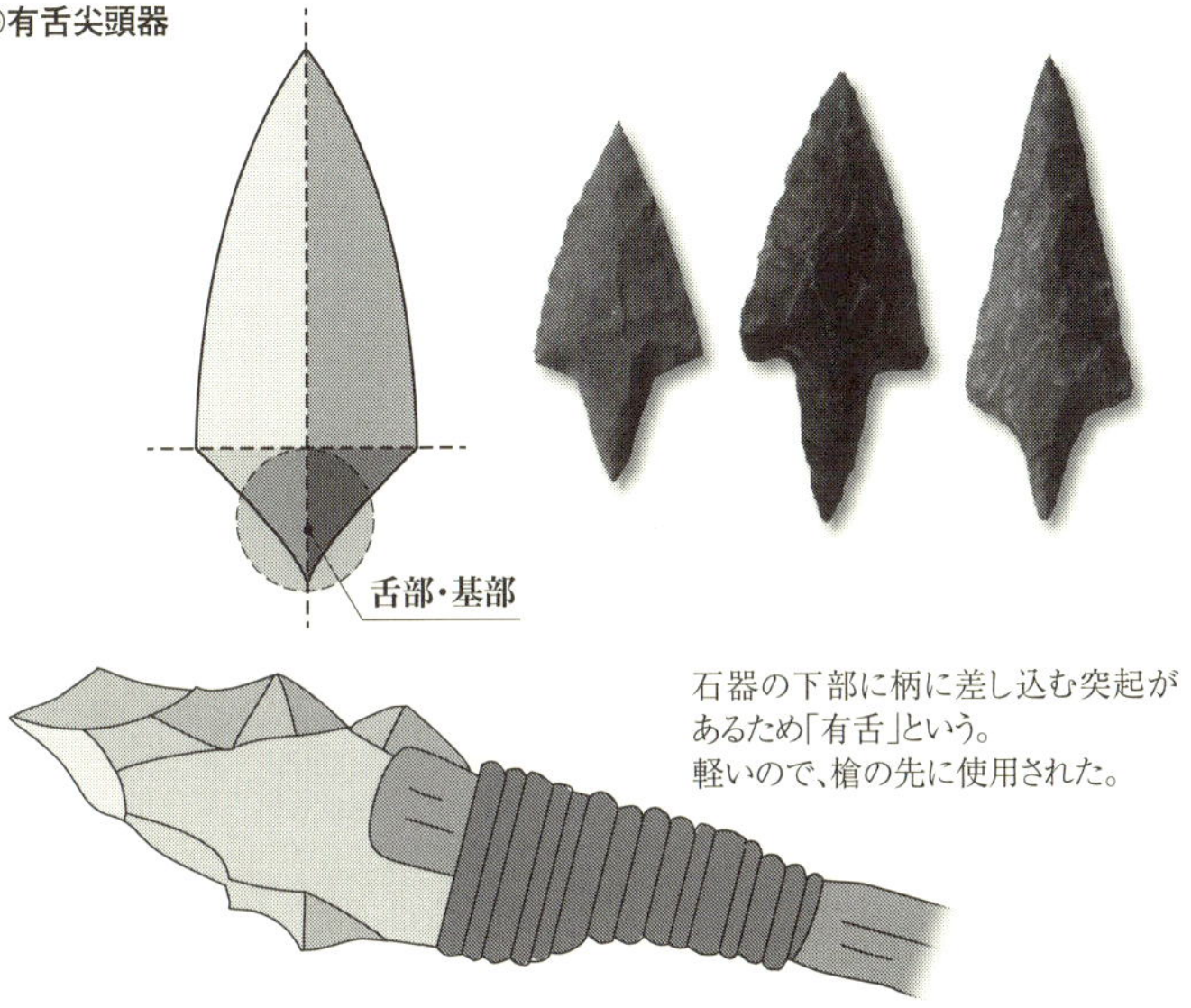

石器の下部に柄に差し込む突起があるため「有舌」という。
軽いので、槍の先に使用された。

持ち運びに便利なので、長距離を移動する動物を追うときに役立ちました。

2万年前ころには、有舌尖頭器《ゆうぜつせんとうき》と呼ばれる、軽くて小型の、両面を加工した狩猟具が出てきます。「有舌」といわれるのは、槍の柄に差し込むでっぱりがついているためです。

旧石器時代も終わりのころになると温暖化が進んで、その気候変動に耐えられないマンモスなどの大型動物が減ってきました。イノシシやシカのような動きの速い動物の狩りが中心になり、槍が発明されたのです。

【25】

マグマでできた黒曜石は、朝鮮やサハリンでも珍重された

温暖化が進んで大型動物がいなくなると、動きの速いイノシシやシカを狩るために、薄くて軽い細石刃《さいせきじん》をつけた投げ槍がつくられました。細石刃は、左のページのイラストのように、まず、薄い石のかけらをつくります。それを横からたたいて上をはぎ取り、さらに上からたたいてはじをはぎ、残りを細かく割って完成させます。

細石刃をはじめ、さまざまな石器をつくるのに調法《ちょうほう》されたのが、黒曜石です。

黒曜石は、マグマからできるガラス質の石で、割るとカミソリのような鋭い断面になるため、世界中で、ナイフや矢じり、槍の先などに使われました。火山地帯の日本では、古くからたくさんありました。

産地ごとに成分が違うので、化学分析をするとどこの黒曜石なのかがわかります。

日本には100か所以上の黒曜石の産地がありますが、大陸に近い良質な産地は、北海道の

白滝《しらたき》と、佐賀県の腰岳《こしだけ》でした。白滝の黒曜石は樺太《からふと》（サハリン）で、腰岳のものは朝鮮半島南部で見つかっています。島根県の隠岐の黒曜石は、ロシアのウラジオストックまで運ばれました。旧石器時代の人々は、遠く離れた地域と交流していたのです。

現代でも、黒曜石は切れ味の良さから、眼球や心臓、神経を手術するときのメスとして使われることがあります。

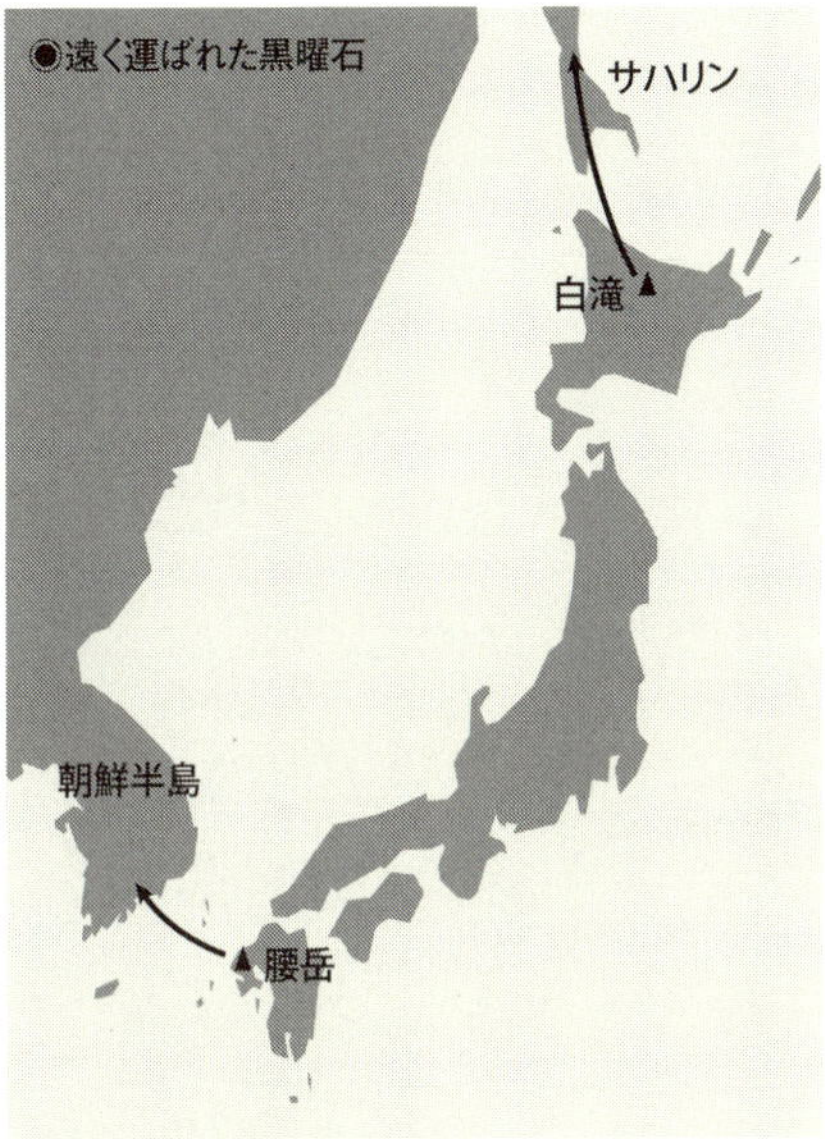
◉遠く運ばれた黒曜石
サハリン
白滝
朝鮮半島
腰岳

◉細石刃のつくりかた

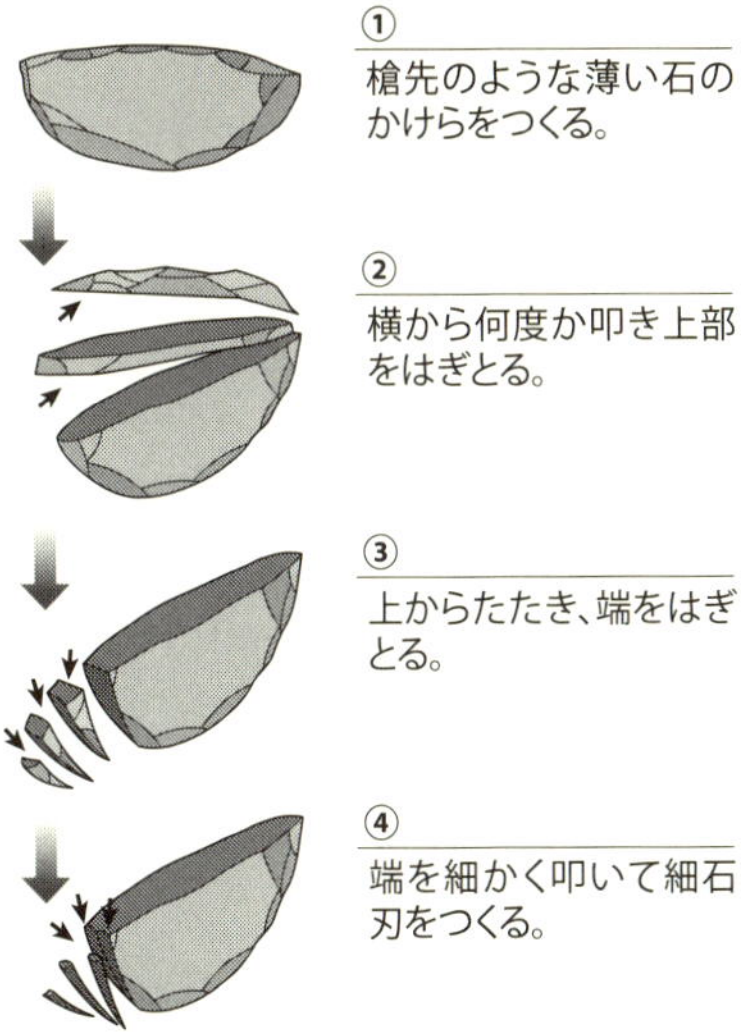
①
槍先のような薄い石のかけらをつくる。
②
横から何度か叩き上部をはぎとる。
③
上からたたき、端をはぎとる。
④
端を細かく叩いて細石刃をつくる。

【26】

テントを並べて、季節ごとに移動しながら集団生活をした

旧石器時代の人々は、食べものを求めて移動しながら、簡単な小屋をつくり、時には洞窟や岩陰で暮らしました。火を使うこともできました。定住した跡はほとんどありませんが、環状ブロックの跡が多く見つかっています。

環状ブロックは、人々が次に移動するまでの短期間、ともに生活をしたところです。小さなもので直径十数メートル、大きなものは80メートルにもなり、たき火を囲んでテント式の住まいをぐるりと並べて、数十人から100人ほどが集まって暮らしました。

大勢で力を合わせて大型動物を狩り、広場の真ん中に集まって、磨製石斧《せきふ》を使って獲物を解体したと考えられます。黒曜石でできた、狩猟用の打製石器も見つかっています。

どっしりとした下半身に華奢《きゃしゃ》な上半身をしていた骨格からは、力仕事をほとんどせずに、野山を駆けめぐって獲物を追っていた様子がうかがえます。

◉環状ブロック

中央のたき火を囲むように、直径50mほどの輪の形にテント式の住まいをかまえていた。

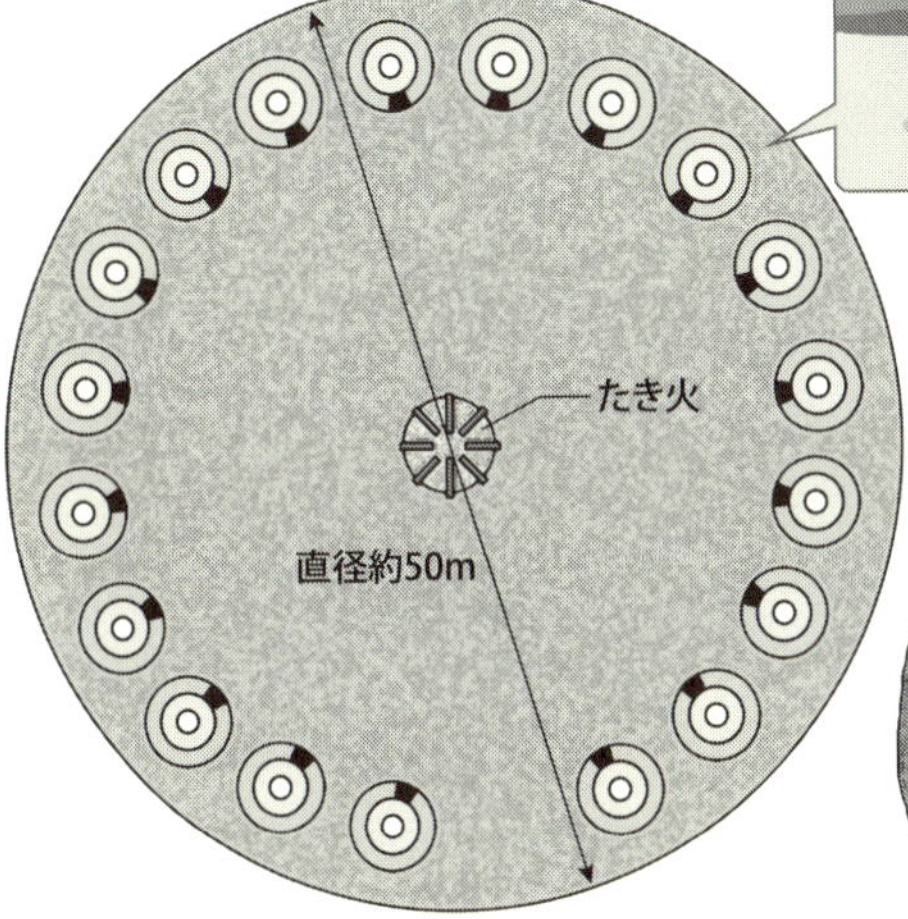

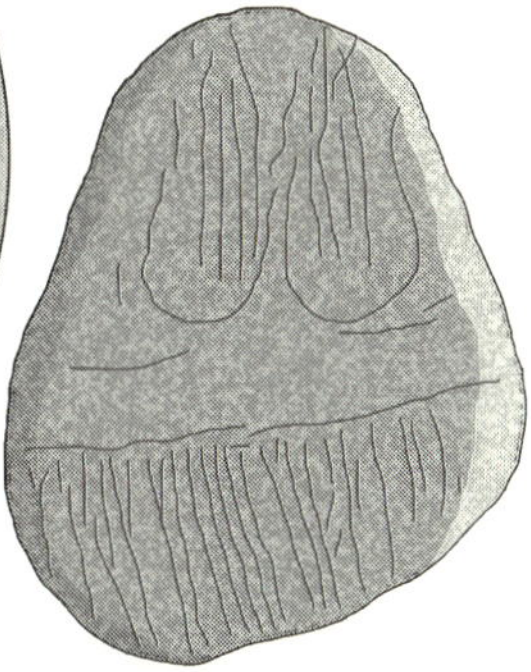

◉上黒岩遺跡の女性像

河原石に細い線で、髪の毛と腰巻きが描かれている。(縄文時代初期)

移動生活をしていたため、日本でも世界でも、この時代の墓はあまり見つかりません。

ヨーロッパやロシア西部では、骨や象牙でつくった女神の人形が出土していますが、日本では、旧石器時代に人の姿を描き、造形したものはありません。

愛媛県で、長さ5センチメートル前後のだ円の薄い石に、髪の毛と腰巻きが描かれた女性像が発掘されましたが、縄文時代初期のものと考えられます。出産のときに握って、無事を祈るお守りだったようです。

【27】

ゾウ、シカ、イノシシを焼いて食べ、漁もおこなった

日本の旧石器時代は3万5000年前から縄文時代の始まる前までと考えられますが、その間にはとても寒い氷期があり、最後には温暖化も始まったため、生態系が大きく変化しました。それに合わせて、人々が食べていたものや狩りの仕方も変わります。

氷期で海面が下がり、大陸と地続きだった旧石器時代の初期に、朝鮮半島からはナウマンゾウやオオツノジカが、樺太《からふと》（サハリン）からはマンモスやヘラジカが渡ってきました。これらの動物はとても大きく、人々は磨製石斧《せきふ》を使い、大勢で協力し合って狩りをしました。

2万3000年前に最後の氷期が訪れて気温がどんどん下がっていくと、それに耐えられなかったナウマンゾウが滅びます。続いて南から渡ったオオツノジカが滅び、北からやってきたマンモスは、氷期が終わり暖かくなるころに絶滅します。

大型動物がいなくなると、投げ槍を使って、シカやイノシシなどの動きの速い中型動物を狩

◉ゾウ・シカ・イノシシを焼いて食べた

るようになりました。静岡県の初音ヶ原《はつねがはら》遺跡からは、60もの落とし穴が見つかっています。石囲炉《いしかこいろ》という、石で囲まれた炉も出土しました。そこでは火をたき、肉を焼いて食べました。

焼いた石のすき間に葉で包んだ肉をはさんで、蒸し焼きにする調理法もありました。

旧石器時代の終わりには、漁労《ぎょろう》も始まります。新潟県の川沿いにある荒屋《あらや》遺跡には、食料を貯蔵した穴や、住居の跡があります。

秋に川をのぼってくるサケを捕まえるために、定期的に定住した遺跡と考えられます。

«COLUMN» 歴史こぼれ話

日本と世界では、時代区分の名前が異なる

「旧石器時代の次の時代は何か」と聞かれたときに、「縄文時代」と「新石器時代」では、どちらが正しいのだろうか。

日本の歴史では、「旧石器時代」の次は「縄文時代」となる。世界の歴史では、「旧石器時代」の後は「新石器時代」である。日本史と世界史のどちらの視点で見るかによって、答えは異なるのだ。このことから、日本の縄文時代を、世界史的には新石器時代の一部と見ることもできる。

広義において、旧石器時代は打製石器を使った時代であり、新石器時代には磨製石器を使った。世界では、この順番に進歩を遂げている。

ところが、日本は、打製石器がつくられる前に磨製石器をつくって使った、世界でも類い希な国である。日本は、世界で初めて磨製石器を生み出したのだ。それだけではない。世界最古の土器も、日本でつくられたのである。

第3部

縄文時代

【28】

氷河期後の温暖な気候と土器の発明で、食事情が激変した

縄文土器がつくられた紀元前1万年から、弥生時代の始まる紀元前300年ころまでを、縄文時代といいます。縄文時代と旧石器時代を合わせると、日本の歴史の9割を占めています。

1万年前に気温が暖かくなると、海面は100メートル以上も上昇して、日本は島国になりました。温暖湿潤な気候のもとで植物はよく育ち、いろいろな種類の果物が実るようになりました。大型動物が減ったかわりに機敏な中型や小型の動物を狩り、そのために弓矢を使うようになります。釣りをしやすい入り江もできて、豊かな海の幸も楽しめるようになったのです。

農耕が始まると、竪穴住居をつくって、ひとつの場所に定住するようになります。土器がつくられるようになって、煮炊きやアク抜き、食物の保存もできるようになりました。縄の模様の土器がつくられたため、縄文時代と呼ばれます。

◉縄文時代1万年の推移

時期区分	おもな出来事
草創期▶ 12000～10000年前 （人口データなし）	・世界最古級の土器が誕生した ・弓矢が出現し、狩猟技術が進歩した ・南九州に、先進的な集落があらわれた
早期▶ 10000～6000年前 （人口20,100人）	・貝塚がつくられた ・定住生活がはじまった ・日本列島に、いくつかの文化圏が形成された
前期▶ 6000～5000年前 （人口105,500人）	・大型集落がつくられた ・丸木舟をつかった海上活動がさかんになった ・広い範囲で貿易をした
中期▶ 5000～4000年前 （人口261,300人）	・中部地方の山岳で、農耕がはじまった ・縄文土器の模様が、複雑になった ・伊豆諸島で、イノシシを放牧した
後期▶ 4000～3000年前 （人口160,300人）	・墓地や祭祀の文化が、全国に浸透した ・用途に合わせて、土器の種類が分かれた ・塩づくりのための土器がつくられた
晩期▶ 3000～2300年前 （人口75,800人）	・集落が低湿地に移動した ・精密な縄文芸術が完成した ・大陸から、水稲栽培が伝わった

縄文時代のはじめに2万人ほどだった日本の人口は、中期には26万人になり、晩期には7万5000人に減少します。

4000年前に急に気温が下がり、動物や植物が減ってしまったことが原因です。アズキやダイズを栽培していましたが、マメ科の植物を同じ土地に植え続けると収穫量が減ってしまうため、安定した食料を得られなくなったのです。

【29】

植物、木の実、魚、肉に事欠かない、豊かな食生活を送った

人々は、長い間、肉を主食にしてきました。

氷河期が終わって環境が変化すると、大型動物は姿を消し、小・中型の動物だけでは食料が足りなくなってしまいます。そこで、木の実などの植物も食べるようになりました。

縄文人の食生活は、「貝塚」からわかります。日本の土壌は火山灰質で酸性が強く、骨などは残りにくいのですが、貝塚には、貝殻に含まれるカルシウムのおかげで、動物や魚貝の骨や殻が残っているのです。

滋賀県の粟津湖底《あわづこてい》遺跡の貝塚からは、そこに住む人々の食べものの割合が、植物が52%、魚が20%、貝が17%、肉が11%だったことがわかります。

四季があり、動物も植物も十分にありました。春には新芽を摘み、夏には海や川で魚貝を獲り、秋には木の実や果物を集め、冬は動物を狩って、豊かな食生活を送りました。

ドングリやクルミ、クリ、シイやトチの実、ノブドウ、木イチゴなどの木の実や果物、キノコやゼンマイなどの山菜、ヤマイモ、ユリネなどの根菜が食べられました。ヒエ、アワ、ソバ、マメ類の栽培も始まっていました。

マメの栽培が本格化した縄文時代中期ごろに人口が爆発的に増えますが、なかでも東日本の人口が圧倒的に多かったのは、ヤマイモを栽培していたからといわれます。

土器がつくられるようになったので、食料を貯蔵できるようにもなりました。人が立って入れるくらいの穴を掘り、ドングリなどの木の実を入れた土器をしまいます。動物に食べられる心配がなく、温度や湿度が安定していて、保存に最適だったのです。

コメづくりも始まりました。水稲《すいとう》栽培が伝わったのは縄文時代末期ですが、畑でつくる陸稲《りくとう》栽培は、もっと早くからおこなわれました。

岡山県の朝寝鼻《あさねばな》貝塚からは、6000年前のイネのプラント・オパールが見つかりました。プラント・オパールとは、イネ科などの植物に含まれるガラス質の細胞で、植物がなくなってしまっても、何千年もの間、土の中に残ります。

◉縄文人の四季と生活

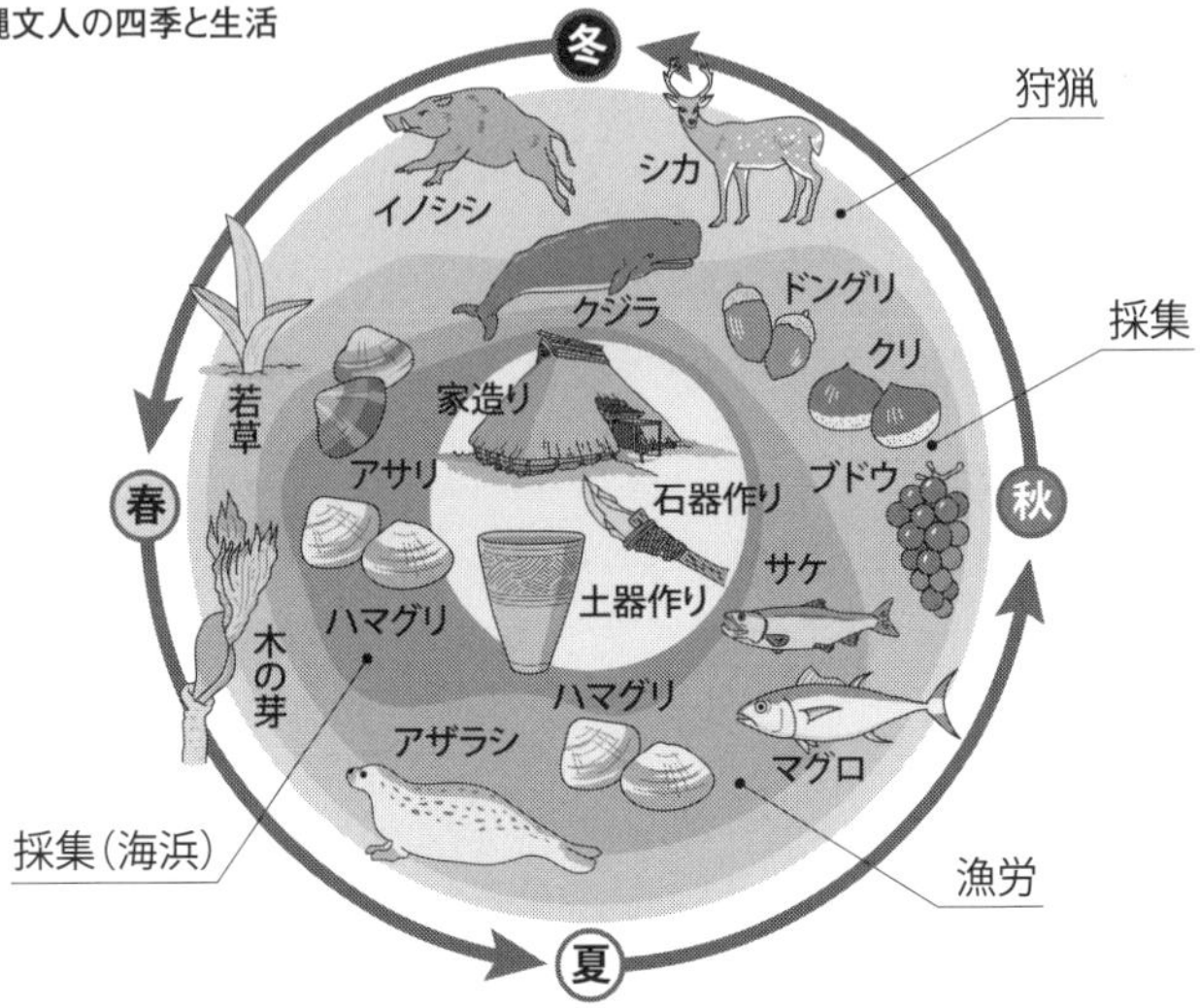

◉縄文時代の食べもの

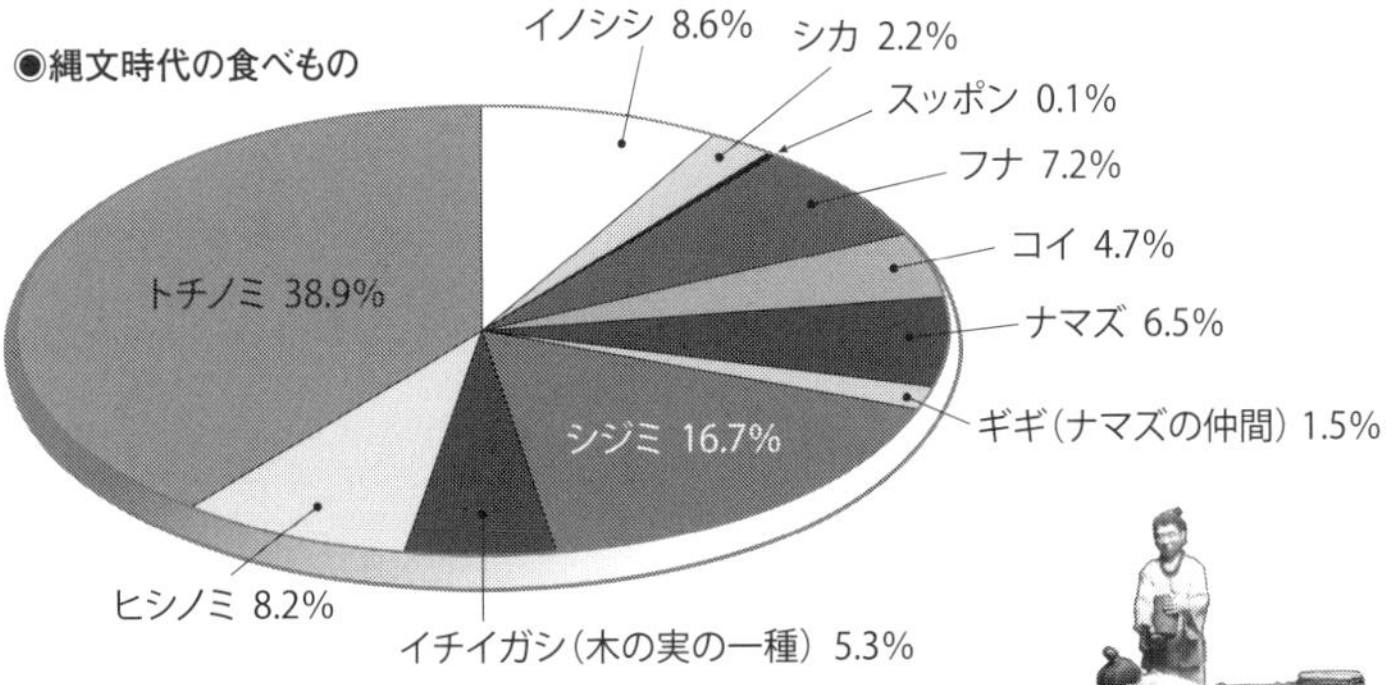

◉縄文時代の貯蔵穴

ドングリなどの木の実を土器の中に入れ、地中に掘った穴に保存していた。地中は温度や湿度が一定で保存しやすく、何よりも獣に食べられてしまう心配が少なかった。

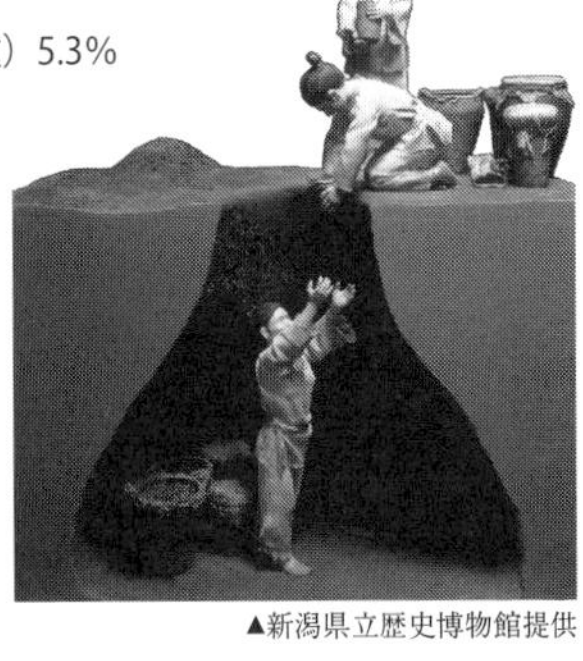
▲新潟県立歴史博物館提供

動物の肉は、シカとイノシシが中心でしたが、その扱いは異なります。シカが狩猟の対象であったのに対し、イノシシは家畜として飼われて大切にされました。青森県の十腰内《とこしない》遺跡からは、粘土でつくられた高さ8センチメートルほどの、かわいらしいイノシシの置物が見つかっています。

ほかにも、タヌキ、キツネ、ウサギ、サル、リス、カモ、ツル、ムササビやネズミなどの肉を食べました。それらの動物の太い骨や頭蓋骨が割られていたことから、脊髄や脳みそまで食べていたことがわかります。草食動物は、胃の中身まで食べられました。

海辺に住む人々は、丸木舟《まるきぶね》に乗って魚を獲り、磯ではハマグリやアサリを集めました。サケやマス、タイ、マグロ、タラ、イワシ、アジ、ホッケのほかに、クジラやオットセイ、イルカ、アシカ、サメなど、たくさんの種類の魚を食べました。針で釣ることのできなかった大きな魚は、舟で浜に追い上げました。

71種類の魚、354種類もの貝を食べていたという記録もあります。

【30】

パンやクッキー、ハンバーグをつくり、酒も楽しんだ

土器がつくられるようになると、煮る、蒸す、炊くなどの調理法が増えるだけでなく、食料の貯蔵やアク抜きができるようにもなりました。それまではアクが強くて食べることのできなかった、ドングリやトチの実が食べられるようになったのです。

このころから、パンやクッキーがつくられます。石皿とすり石という石器を使って、ドングリやシイの実を砕いてどろどろにし、それを土器に入れて、水を注いでアクを抜きます。底に沈んだデンプンをこねて、パンやクッキーのように焼きました。

アク抜きと貯蔵の両方が同時にできる施設もつくられました。湧き水がしみ出る土地に穴を掘って木の実を入れ、その上に木の葉や皮を置き、最後に粘土をかぶせておくと、一番下の木の実が湧き水にさらされて、自然にアクが抜けるのです。

一番難しいのは、トチの実です。灰を使わなければなりません。けれども、縄文人は炉で大量の灰をつくる技術を習得して、あらゆる植物のアク抜きができるようになりました。

動物の肉の臭みを消すために、サンショウやミツバ、セリなどの香りの良い草を使いました。肉や内臓をつぶしたものにサンショウを混ぜて塩辛のようにしたものや、クルミの粉にシカやイノシシの肉や血、トリの卵を混ぜてハンバーグを焼いたことも分かっています。

魚貝は生で食べるだけでなく、煮たり焼いたり蒸したり、さらには干物にして、貯蔵できるように工夫しました。

塩は人間が生きていく上で欠かせないものですが、日本では岩塩がほとんどとれません。縄文時代の人々は、土器に海水を入れて煮詰め、塩をつくりました。塩は熱すると結晶化して土器が壊れやすくなるので、製塩用土器はシンプルで、模様もありません。けれども、多くの場合、塩そのものを食べるのではなく、魚や貝などを干して塩漬けにしたものを食べて、塩分を補給していたようです。

石製の小刀がつくられると、肉を食べやすい大きさに切り分けてから、焼いて食べるようになりました。

日本最古の定住集落で、９５００年前の鹿児島県の上野原遺跡では、燻製もつくられました。

◉貯蔵穴

貯蔵穴では、木の実を貯蔵した。乾燥地や湧水地に穴を掘り、とくに湧水地の貯蔵穴はドングリのアク抜き（渋みやえぐみなどの成分を取ること）に用いられた。

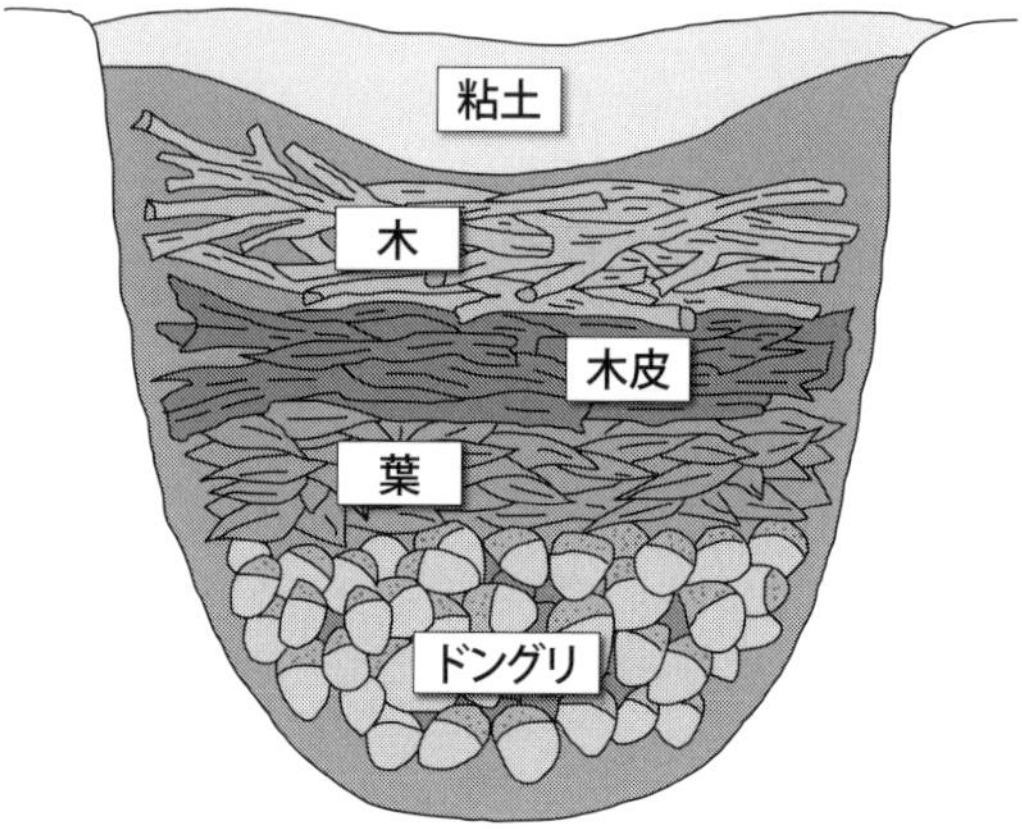

◉酒づくりのようす

「連結土坑《どこう》」といって、大小ふたつの穴を掘ってトンネルでつなぎます。小さい穴の中に肉をつるして、大きい穴には人が入り、火をたき、風を送って、煙で肉をいぶします。食品を加工したり、保存したりする技術も発達しました。

驚くことに、縄文人は、お酒も醸造しました。カジノキやニワトコ、サルナシ、クワ、キイチゴの実から果実酒をつくっていたのです。アルコール発酵するときにできる二酸化炭素を抜くために、蓋に小さな穴をいくつも開けた、醸造用の樽型の土器が発掘されています。大量の果実の種と一緒に、発酵した果物に集まるショウジョウバエの仲間の蛹《さなぎ》が見つかったことから、お酒がつくられたことが明らかになりました。

急須のような注ぎ口のついた土器や、徳利《とっくり》型の土器も出土しましたが、見た目が豪華で少量しか入らないため、大切なお酒を入れるものであったことがうかがえます。

縄文時代の人々は、虫歯に悩んでいたようです。パンをつくるために石臼を使いましたが、そのときに入ってしまう石の粉を食べ、歯がすり減ってしまったのでしょう。古代エジプトでも、同じような症状がありました。当時の日本の人々の虫歯の割合は、8人にひとりで、世界の狩猟民族の0~3%を大きく上回ります。

【31】

世界最古の土器・縄文土器は、煮炊き以外に祭祀にも使われた

縄文土器は、世界最古の土器です。土器をつくったのは、世界の中で、日本が一番早いのです。日本には火山が多かったため、噴火によって流れたマグマが固まって、偶然に土器のようなものができ、ヒントになったといわれます。

縄を押しつけた文様があることから、「縄文土器」と呼ばれます。黒褐色の厚手の土器で、形などによって6つの時期にわけられますが、基本的な構造は同じです。太さ2～3センチメートルの細長い紐状にした粘土を下から巻き上げて形をつくり、貝殻や指を使って表面をととのえてから、縄で模様をつけます。数週間乾燥させて、薪などで火を起こして焼き上げますが、焼成《しょうせい》温度が低いので、もろいという欠点があります。割れにくくするために、髪の毛や動物の毛、植物の繊維、細かい砂などを混ぜて焼くといった工夫もされました。

底が平らなもののほかに、丸みを帯びたり、尖っていたりする土器もあります。尖っているものは、火のそばの土に突き立てて、湯を沸かしました。

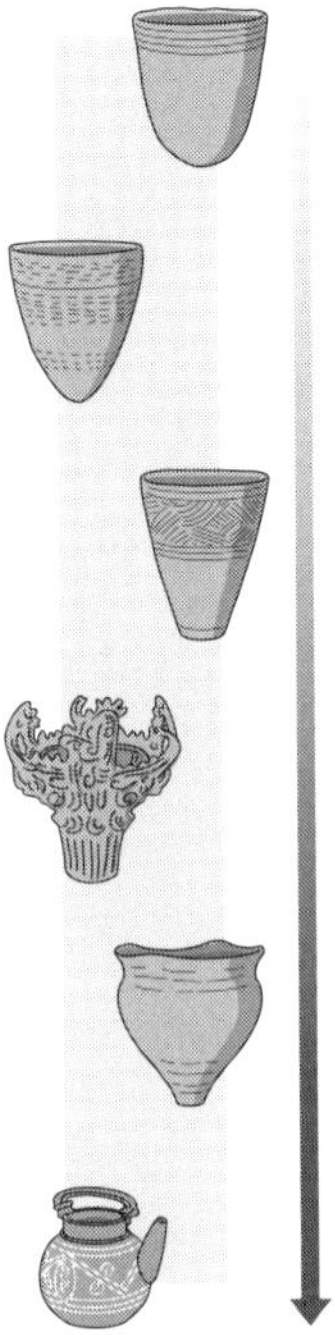

●草創期（12000〜10000年前）　タイプ＝丸底深鉢
豆粒文様や貝殻でつけた爪型文様、縁に粘土のひもを貼りつけた隆起線文様など、土器の一部に単純な文様がつけられた。長崎県の泉福寺から出土した豆粒文土器は、世界最古の土器である。

●早期（10000〜6000年前）　タイプ＝尖底深鉢
彫りの入った棒や、糸を巻きつけた棒を転がして、土器全体に文様をつけた。底の先を尖らせて、地面にさして使った。

●前期（6000〜5000年前）　タイプ＝平底深鉢
表面の模様が複雑になった。底が平らになり、円錐形だけでなく、円筒形の深鉢や浅鉢、台のついた土器もあらわれた。

●中期（5000〜4000年前）　タイプ＝深鉢平底
円錐形と円筒形を組み合わせ、炎のような飾りのついた火焔土器や、渦巻き紋など、複雑で芸術的な土器があらわれた。注ぎ口のついた土器も出現した。

●後期（4000〜3000年前）　タイプ＝多種多様
一度つけた文様の一部を消す、磨消《すりけし》縄文という手法が発達した。持ち手やふたのある土器、深鉢や浅鉢など、さまざまな土器がつくられた。

●晩期（3000〜2300年前）　タイプ＝多種多様
磨消縄文に加えて、繊細で洗練された文様があらわれた。煮炊き用や貯蔵用のほか、香炉など、用途によってさまざまな大きさと形の土器がつくられた。

縄文時代の土器のほとんどが煮炊きかアク抜きに使われ、より効果的にアクが抜けるように改良されてきました。中期のころに、「火焔《かえん》土器」と呼ばれる、ふちに炎のような飾りのついたものが出現しましたが、祭りなどの特別なときに使われたようです。人や動物の姿や、狩りの風景が描かれたものもあり、当時の様子がわかります。

青森県の亀ヶ岡遺跡からは、盛りつけ専用の精巧で美しい漆塗りの土器も見つかり、この時代にすでに、日本を代表する工芸品としての技術があったことがうかがえます。

【32】

縄文時代に発明されたシカ笛や銛は、現代でも使われている

多くの場合、打製石器のあとに磨製石器が広まります。日本は、世界でも珍しく、その順番が逆でした。

はじめに大型動物を狩るために磨製石斧《せきふ》を使い、気候が変わって大型動物が滅ぶと、すばしこい動きをする小・中型の動物を捕らえるために、投げ槍や弓矢の先につける鋭い刃をした打製石器が使われるようになりました。

縄文時代には、石器だけでなく、動物の骨から「骨角器《こっかくき》」もつくられました。シカの角《つの》でつくった、シカの鳴き声のような音のする「シカ笛」も見つかっています。この笛はシカをおびき寄せるためのもので、つい最近まで猟師が使っていたため、縄文時代に発明されたものとは誰も考えていなかったそうです。

イヌを飼い、狩りに連れて行くようになったのも、このころです。

◉縄文時代の道具

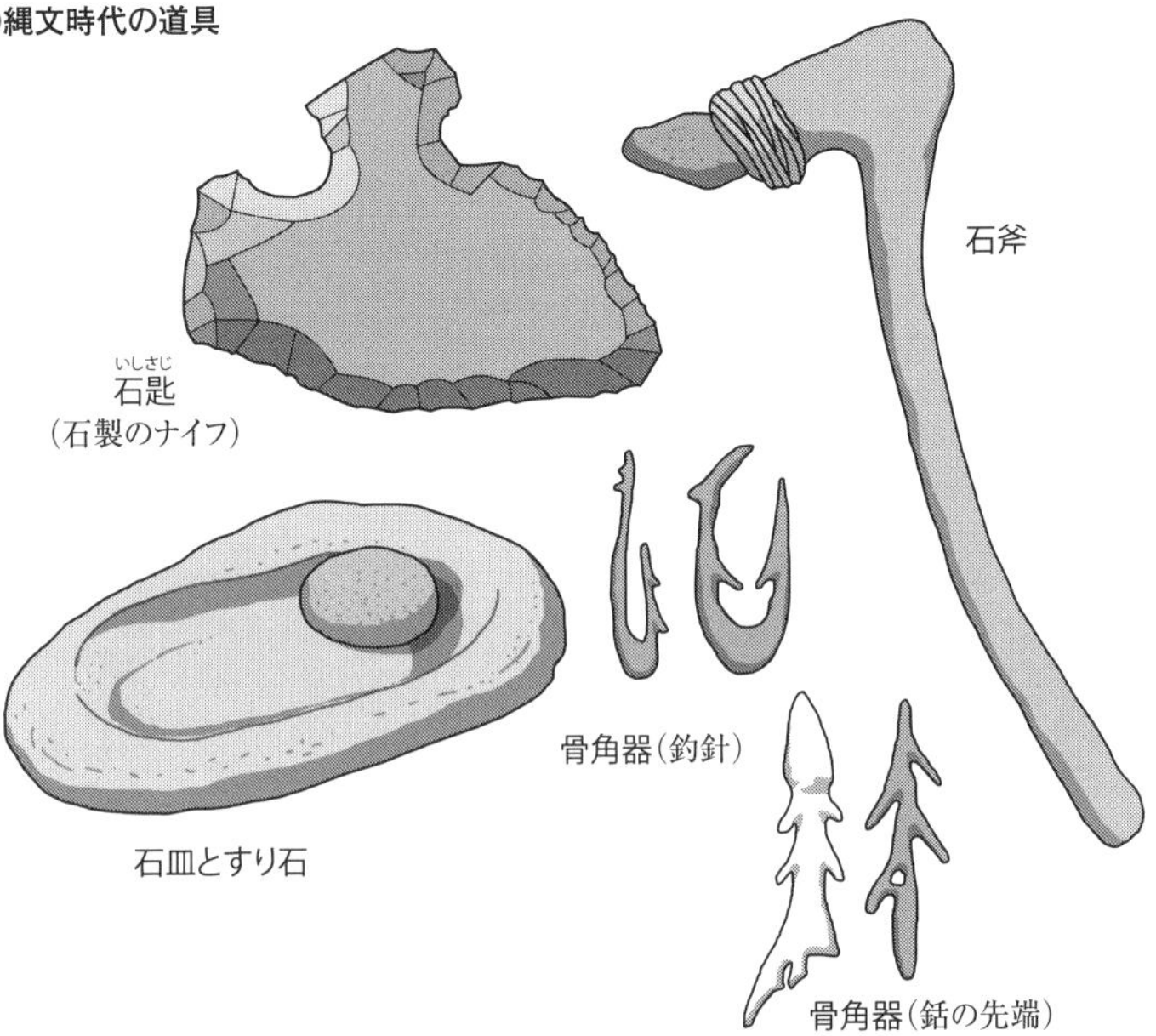

漁業では、「釣り針」や「銛《もり》」も発明されました。

当時の釣り針は、シカやイノシシ、イルカの骨や角からつくられましたが、形は現代の釣り針と同じで、針の先にはカギがついています。

骨角でつくった軸に穴をあけて、紐を通して投げて使う「銛」も、現代の捕鯨船で使うものとほとんど変わりません。

宮崎県の里浜貝塚からは、スズキやマダイ、マグロなどの大型魚を捕まえるために使う骨角器でできた、たくさんの釣り針や矢じりが発掘されました。

【33】

竪穴住居の中には神棚があり、広場では祭りもおこなわれた

農耕や牧畜が始まると、人々は竪穴住居に住み、集落をつくって定住するようになりました。紀元前5000年ごろの縄文時代前期には、それまでは2～3棟しかなかった住居が、10棟ほどの規模をもつようになりました。

竪穴住居とは、地面に穴を掘って木の柱を建て、アシなどの茎で屋根や壁を斜めにおおった住居です。東北アジアに多く見られ、日本では縄文時代が始まったころにあらわれました。円形や四角形、ドーム型のものがあり、防寒性に優れていたため、冬に適した住居です。岩手県の御所野《ごしょの》遺跡には、屋根に土を盛った、雪に備えた住居が見つかりました。

人々が生活するための竪穴住居の多くは、直径や一辺が5メートル以内のものですが、東北地方や北陸地方では、長さが30メートルのものもあります。冬の間の集会所か共同作業所だったと考えられています。

竪穴住居の隅には、神棚や仏壇にしたと思われる浅い穴が掘られていて、縄文時代の宗教心がうかがい知れます。木の実の貯蔵庫をもつものも、たくさん発見されました。

同じころに、環状集落もあらわれました。

環状集落とは、94ページのイラストのように、墓を中心に、その周りに祭壇や見張り台の役目をする掘立柱建物《ほったてばしらたてもの》を建て、その外側に竪穴住居や貝塚、作業場を輪のように並べた集落です。住居が数十棟にもなる、大規模なものでした。

北海道や東北地方には、集落の中央に、環状列石《かんじょうれっせき》と呼ばれる、巨大な石を輪を描くように並べたものがあります。墓を囲むようにつくられ、その内側は先祖を埋葬する墓地であるのと同時に、祭りをおこなう聖なる場所でもありました。

集落をつくるには、多くの木材が必要です。

例えば、竪穴住居20棟、高床倉庫10棟、柵や水場、木でできた道があるような大規模な集落をつくるのには、2000本のクリ材が使われました。それは、東京ドームひとつ分の森に相当します。クリは収穫できるだけでなく、湿気に強いため、住居などの建築材としても最適でした。

◉環状集落

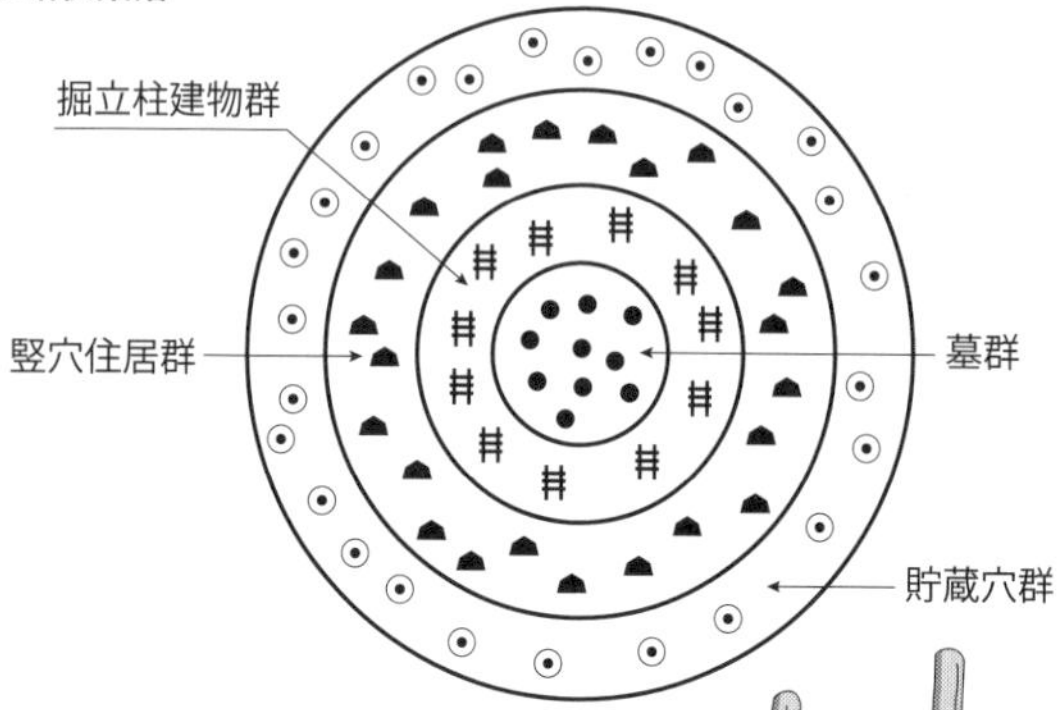

◉掘立柱建物

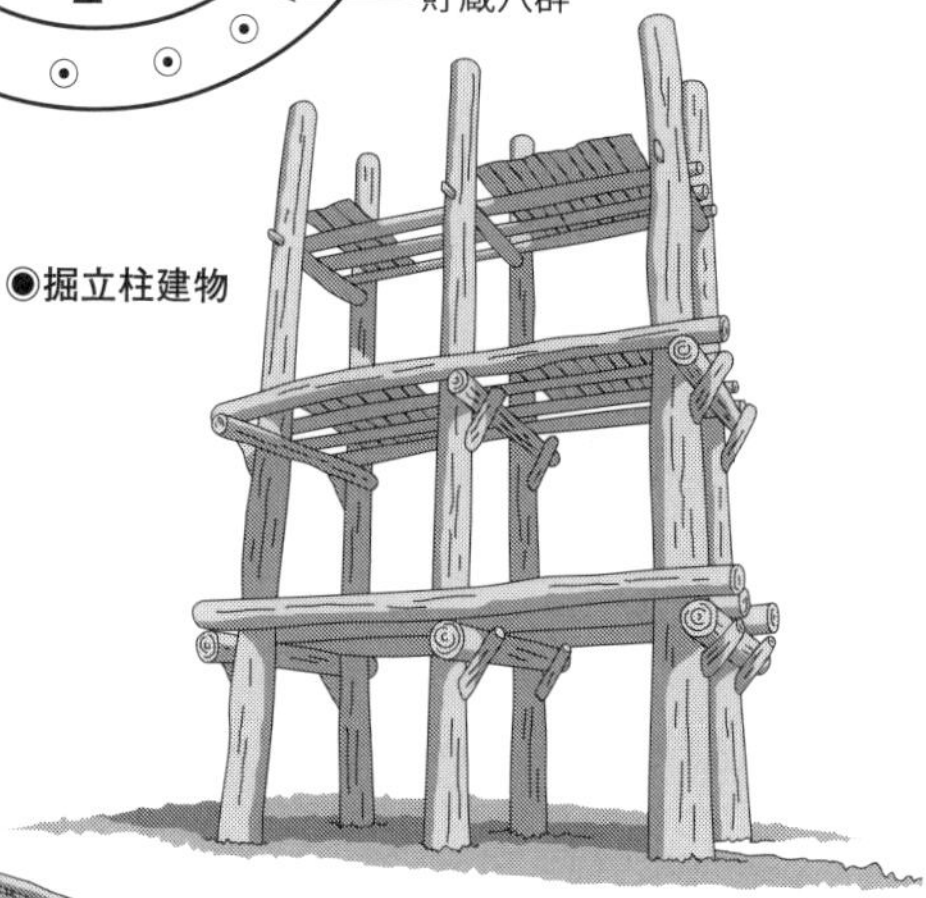

◉大型竪穴住居

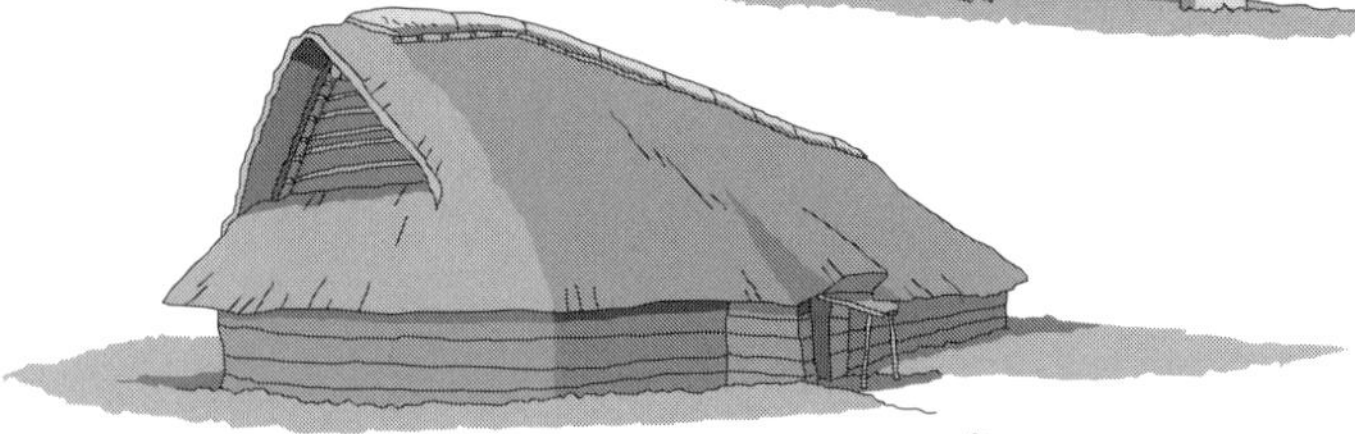

◉一般的な竪穴住居

縄文時代の人々は、森を焼き、そこに新たに生えてくる山菜やヤマイモを採集し、樹木を植えて、いつでも手に入るしくみをつくったのです。

竪穴住居の近くには、貝塚がつくられました。

1877年に、アメリカ人の動物学者・モースが、東京都の大森貝塚を発見したことをきっかけに、本格的な研究が始まりました。日本列島には3000ほどの貝塚があり、1万1000年前のものもあります。

貝塚には、貝殻、動物や魚の骨などの食べものだけでなく、土器や石器、骨角器《こっかくき》などの道具も捨てられています。また、たくさんの土偶や玉も見つかっています。貝塚は、単なるゴミ捨て場ではなかったようです。大切なものや、まだ使えるものを捨てることにより、豊かさを維持したいという祈りもこめられているのです。

貝塚は、文字のなかったころの人々の生活を知る、とても重要な手がかりです。

【34】

子どもの成長を願って胎盤を踏み、成人の証に抜歯や入れ墨をした

いつの時代も親は子を大切に思うものですが、縄文時代は、その気持ちがとくに強かったようです。

縄文時代は、衛生や栄養の状態が悪く、新生児や乳幼児の死亡率がとても高かったと考えられます。死んだ子どもは土器の棺に入れられて、住居の入り口や周りの、人がよく通るところに埋められました。土器を母親の胎内に見たて、そこをまたぐことで死んだ子どもの魂が母体に戻り、再び生まれてくることを願う風習でした。

子どもの墓からは、握りこぶし大の丸い石が出土することが多く、埋葬のときの習慣となっていたようです。

子どもの手形や足形を、粘土に押しつけて焼いたものも出土しています。紐を通す穴が開いている粘土板もあり、大人の墓から発見されることもあります。死んだ子どもの形見として首にぶら下げていたものを、親が死んだときに一緒に埋めたと考えられます。

住居の入り口の床下に、胎盤を入れた鉢を埋めることもありました。青森県の三内丸山《さんないまるやま》遺跡では、大型の竪穴住居の入り口付近から、胎盤の入った鉢が見つかっています。出入りのたびに踏まれることで、強く健康に育つようにという祈りをこめたのです。この風習は、縄文時代以降も全国各地に引き継がれました。

出産の様子をあらわすもの、母親が子どもに母乳を与えているもの、子どもを背負った母親の姿など、親の愛情を表現した土器も、数多く発掘されました。母と子どもの顔を浮き彫りにした、出産の喜びが伝わってくるような土器もあります。

こうした子どもに対する親の愛情を形にしたものは、弥生時代には全く見られなくなりました。水稲《すいとう》栽培が忙しく、そのような土器をつくる時間がなくなってしまったと考えられます。

無事に子どもが育ち、2歳から5歳を迎えると、集団の一員として認められるようになりました。男の子は大人の男性と、女の子は大人の女性と一緒に行動し、さまざまな仕事を手伝います。

縄文時代は、男女で分業をしました。男性は集団で狩りをし、女性は、土器や道具をつくったり、木の実や貝を採集したり、畑仕事をしたり、食事の準備や子育てをしました。

第3部 縄文時代

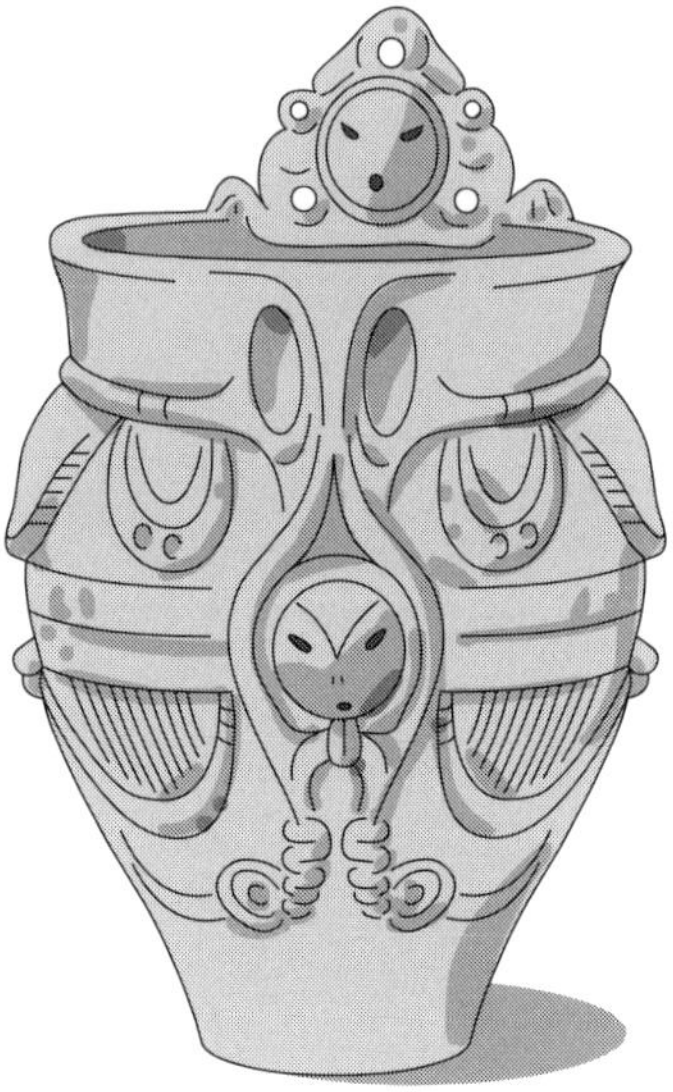

◉出産をあらわす土器

山梨県北杜市の津金御所前遺跡で発見された人面付き土器。土器を女性に見立て、出産の様子を表現している。

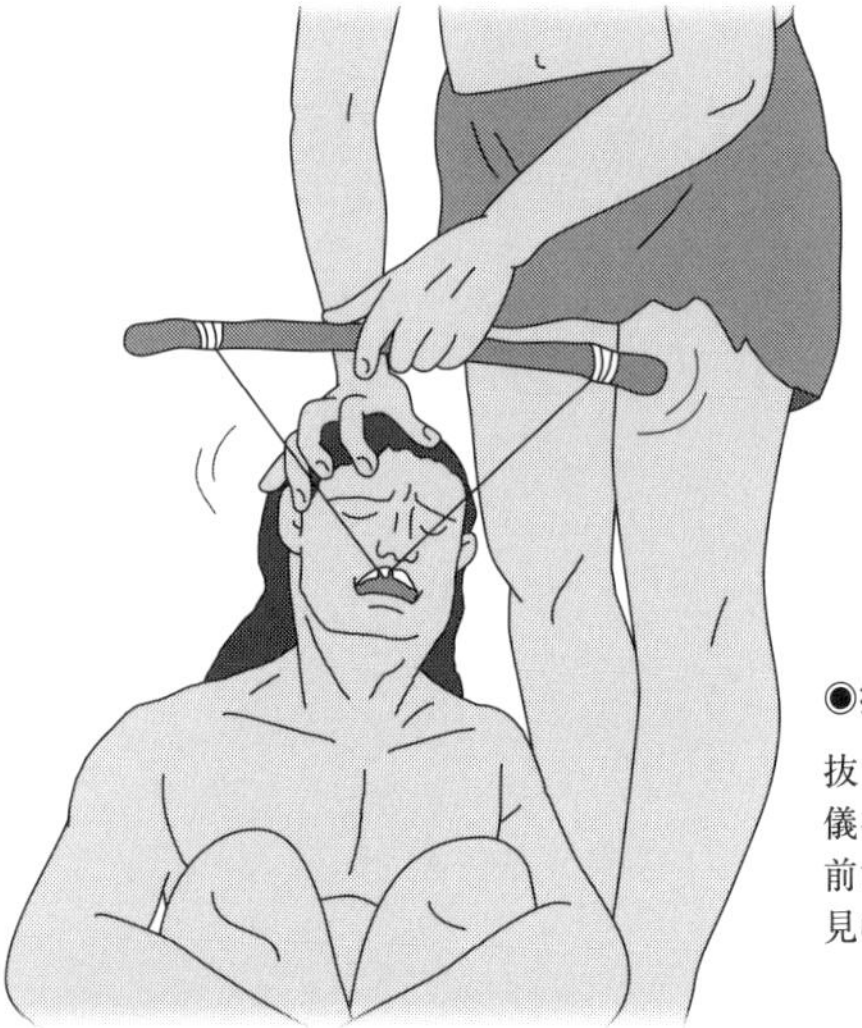

◉抜歯の様子

抜歯は健康な歯を抜きとる、成人儀礼などの風習のひとつ。上下の前歯や犬歯と、その隣りの歯に多く見られる。

世界の民族には、大人になるための通過儀礼として、抜歯やイレズミ、耳に穴をあけてピアスをするなどの、さまざまな儀式があります。

縄文人の成人儀礼としては、健康な歯を抜く抜歯の風習がありました。激痛に耐えてこそ、一人前の大人になると思われました。歯は1～2本だけではなく、4～5本から、中には14本も抜かれている人骨も発見されました。

無事に終わると成人として認められ、集団への参加や、男性・女性としての役割、特権をもつことができます。それは、結婚して子どもを生んで良いと認められることでもありました。

そのほかにも、婚姻や喪に服する通過儀礼、病気治癒の祈願もあったといわれます。

抜かれる歯は、儀式の目的や時代、地域によって異なりますが、多くの場合は、上下の前歯各4本と、その横の犬歯、犬歯の隣りの歯が多いのが特徴です。

抜歯の跡のある一番若い人骨が、16歳前後の妊娠中の女性だったことから、15歳から16歳が子どもと大人の境目だったと思われます。

歯を抜いたり、歯を削って飾ったりする風習は、中国やアジア、オーストラリア、アフリカにも見られます。

日本では、この風習は、2世紀ごろになくなりました。

【35】

麻の衣をまとい、翡翠のネックレスや赤漆のかんざしで身を飾った

縄文時代の人々は、麻などの繊維をざっくり編んだ衣を着ました。1枚につながった布を腰のところでしばり、頭にも布を巻いていたと思われます。冬には、毛皮もはおりました。

とてもおしゃれで、大珠《たいしゅ》という玉や、マカロニのような形をした管玉《くだたま》と丸い玉をいくつもつなげた首飾りをかけ、耳たぶには穴を開けて、ピアスのように石の輪をはめました。直径7センチメートル以上の、大きな耳飾りも見つかっています。

当時の装飾品には、呪術的な意味合いもあり、動物の角《つの》や骨、石やガラス、粘土など、さまざまな素材が使われました。

仲間意識を高めるために、同じ集落や血縁者で、共通のものをつけることもありました。

縄文人がとくに憧れたのは、鮮やかな色と美しい形で知られる、緑や白の翡翠《ひすい》です。翡翠は極めてまれな環境から生まれる貴重な石で、勾玉《まがたま》や管玉など、いろいろな形の玉がつくられました。

越国《こしのくに》（現在の新潟県）の糸魚川《いといがわ》産の翡翠はとくに有名で、北海道から沖縄までの広い範囲で見つかっています。

出雲国《いずものくに》のオオクニヌシノミコトが、越国のヌナカワヒメや因幡国《いなばのくに》のヤガミヒメと結婚して、翡翠の産地を手にしたという神話もとても有名です。

◉縄文時代の装飾品

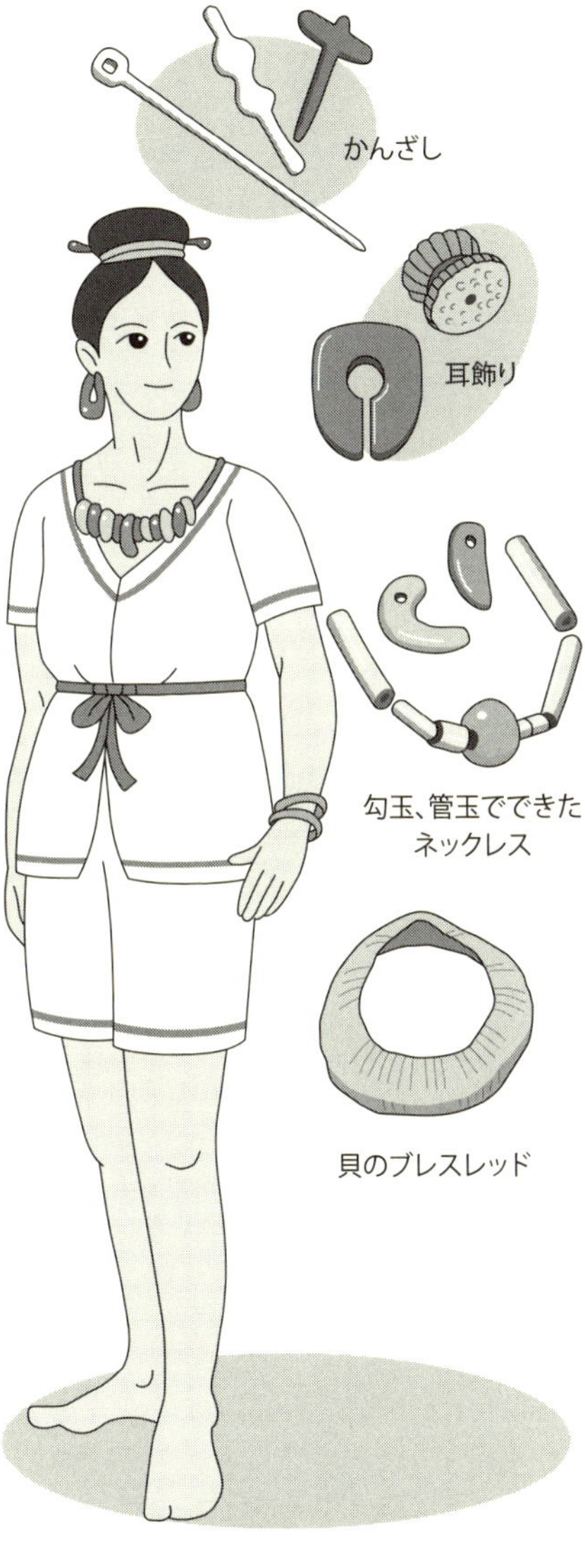

【36】

天体や地形を読む航海術をもち、黒曜石が運ばれた

縄文時代、日本は常に、周辺の地域と盛んに交流をしていました。村から村へと、人の手を伝わる内陸部の交易だけでなく、舟を使い、海を越えた取り引きも活発におこないました。

当時の人々が着ていた服の原料になる麻は、中国から日本に渡ったものです。

また、野生のイノシシのいない八丈島や北海道などの地域でイノシシの骨が見つかっていることから、赤ちゃんイノシシを舟に乗せて運び、家畜にしていたこともわかっています。

滋賀県の海辺にある遺跡からは、大木をくり抜いた丸木舟《まるきぶね》が見つかりました。8メートルを超える大きな舟もあり、外海に行くためのものだったといわれます。朝鮮半島や沖縄とも行き来して、何日もかかる旅をしました。

人々は、波や風、地形、太陽や星の位置を読んで自分たちの進む方向を知る、航海術を身につけていたのです。

交易の中心は、矢じりなどの原料として人気のあった黒曜石です。

1万4000年前に、中国の黄河や華南《かなん》、ロシアのバイカル湖産の黒曜石が日本に渡りました。日本の黒曜石は、朝鮮半島の釜山や、ロシアのアムール川で見つかっています。

また、日本最北端にある北海道礼文島《れぶんとう》の船泊《ふなどまり》遺跡からは、3500年前に貝殻を使った装飾品が大量につくられて、ロシアなどに運ばれていた様子がうかがえます。


縄文時代初期に氷河期が終わると日本は島国になりますが、縄文文化は、決して閉ざされたものではありませんでした。東アジアの国々やロシアから影響を受けた、開放的な文化だったのです。

その窓口のひとつは九州北部で、漁民たちは朝鮮半島南部と活発に行き来をし、大陸からも多くの人が渡ってきました。

縄文時代から弥生時代への変化は、こうした交流を通してやってきた人々や文化が、大きな影響を与えます。水稲《すいとう》栽培や鉄器がもたらされ、縄文時代の人々の暮らしを大きく変えることになるのです。

【37】

大型の祭壇を建て、故人を丁重に葬った

三内丸山《さんないまるやま》遺跡は、5500年前から4000年前に栄えた、縄文時代を代表する大規模集落跡です。青森県八甲田山《はっこうださん》から続くゆるやかな丘陵の先にあり、最盛期には、約200人もの人々が暮らしていました。東京ドーム7個分の敷地に、数百軒もの竪穴住居や倉庫、墓、ゴミ捨て場が見つかり、土器や石器、骨角器《こっかくき》、土偶もたくさん発掘されています。

江戸時代の紀行家の手により、土器や土偶のスケッチ、記事も残されました。

集落は河口近くの小高い丘の上にあり、近くの陸奥湾《むつわん》はおだやかな内湾で、魚が豊富に捕れました。この地で、人々は海と森の恵みを得て、安定した生活を送りました。

集落をつくるときに、クリやクルミを残してほかの木を切り、住居と墓をしっかりと分け、さらに、祭りの場や食料を貯蔵する場、ゴミ捨て場や林など、土地を使い分けました。

林には、クリの木が植えられました。食べるだけでなく、木材が湿気に強いので、建築資材にもってこいでした。ヒョウタンやウルシ、エゴマも栽培されました。

人々が暮らす竪穴住居のほかに、長さが32メートル、幅が10メートルもある、巨大な竪穴住居が11棟ありました。集会や、共同作業をするときに使ったのでしょう。また、直径が1メートルもある大きな柱が6本見つかったことで、祭壇や物見やぐらの役目をする、大型掘立柱建物《ほったてばしらたてもの》があったこともわかります。

狩猟は、ふつうはシカやイノシシが多いのですが、三内丸山では、ムササビやウサギが多く、魚類では、マダイ、ブリ、サバ、ヒラメ、ニシン、サメ、フグなどの高級魚が食べられました。ブリとサバは、背骨だけが見つかっていますが、漁をした海岸沿いの集落で、頭を取って干物にしてから運ばれたためと考えられます。

調理法は、焼くよりも煮るほうが多かったようです。

エゾニワトコ、サルナシ、クワ、キイチゴなどの、果実酒もつくられました。

遠方とも盛んに交易をして、日本海側からは、尖頭器《せんとうき》などの材料として人気のあった黒曜石が、秋田県からは天然のアスファルトが、岩手県からは琥珀《こはく》が運ばれてきました。新潟県の翡《ひ》翠《すい》は、完成品の玉だけでなく、原石や加工途中のものも見つかっています。翡翠を加工する、熟練した技術と知識があったのです。

◉縄文人の暮らし

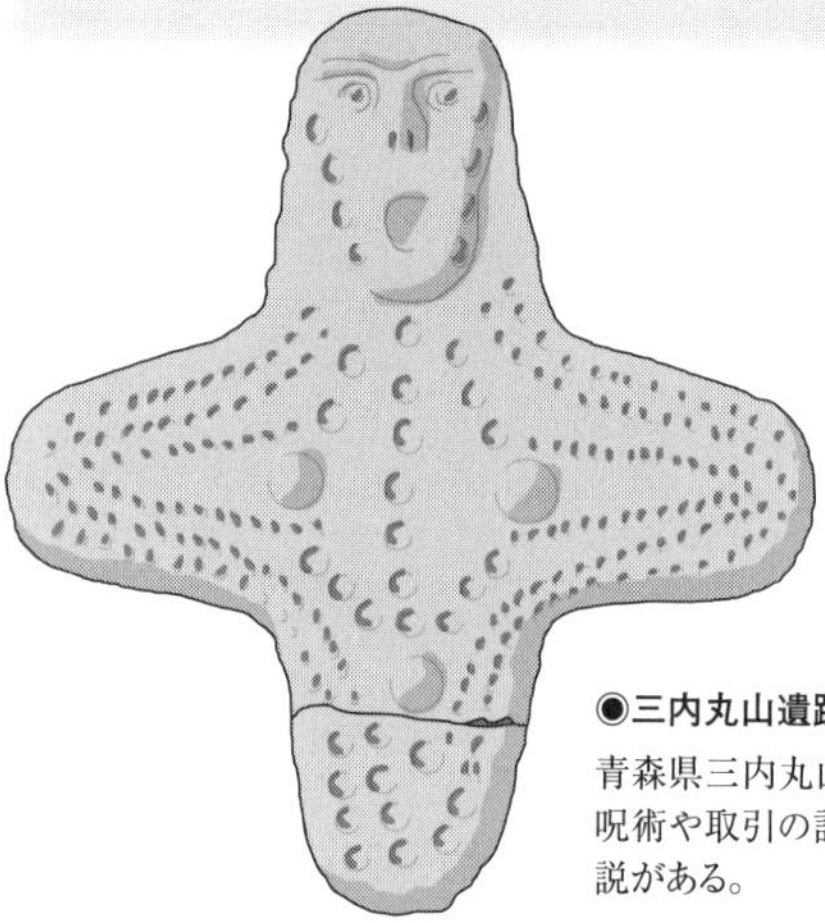

◉三内丸山遺跡の土偶

青森県三内丸山遺跡の土偶はドットの模様があり、呪術や取引の記録に使われたのではないかという説がある。

「縄文ポシェット」と呼ばれる樹皮を編んだカゴのような袋の中には、クルミが入っていました。縄文ポシェットが完全な形で見つかっているのは、日本ではここだけです。

麻の繊維を編んで衣をつくり、骨や角《つの》でつくった針で刺繍《ししゅう》をしました。寒い冬には、動物の毛皮も着ていました。

この遺跡から出土する土偶には、右のページのイラストのように、穴だらけのドット模様がついているものが多く見られます。十二進法の計算に使ったとする説や、取り引きの記録とされる説、また、神秘的な力をもつといわれる「魔方陣《まほうじん》」の一種で古代の占いに使われたというさまざまな説があります。

故人を丁重に葬る文化もありました。集落の中央には、幅が12メートル、長さが420メートルの地面を浅く掘り下げた道が延び、道をはさんだ両側に、220基の大人の墓が並んでいます。1～2.5メートルのだ円の穴の中に、手足を伸ばして入れられました。

縄文時代には特別な墓は見られませんが、この遺跡からは、周囲を石で囲んで土を盛った直径4メートルもある墓が見つかっていて、有力者がいた様子がうかがえます。

【38】

縄文初期に長江流域の稲作が伝わり、日本でもコメが栽培された

稲作は、中国では黄河流域よりずっと早く、長江流域で始まりました。紀元前6500年ごろのことです。長江の、中・下流域に育つ野生の稲を食べていた中国人が、栽培することを覚えたのです。

当初の稲作は、地面を掘って水をため、そこにモミをまいて育てるか、焼畑農法で栽培していたと考えられます。ジャポニカ・インディカという種類のイネで、中国や台湾で生まれ、朝鮮半島の南側を通って北九州に伝えられました。

島根県の石台《いしだい》遺跡から、紀元前4500年ごろのものと思われる炭化したコメが発見され、九州や近畿、東北の遺跡からも次々と、そのころのイネが発見されました。

長江で稲作が始まった2000年後の縄文時代の早い時期に、稲作はすでに日本に伝わっていたのです。けれども、このころは陸稲《りくとう》栽培だったので、水稲《すいとう》栽培に比べて、収量や品質は良くありませんでした。日本に水稲栽培が伝わるのは、それから3000年以上経った、縄文時

代晩期です。

紀元前1000年ごろ、中国最古の王朝・殷《いん》が周《しゅう》に滅ぼされると、多くの人々が戦争を避けてあちこちに散らばりました。そのうちの一部の人たちが、稲をたずさえて、日本にやってきたのです。こうして水稲栽培は、縄文時代の終わりごろに日本に渡ってきました。稲と一緒に、ダイズやアワ、ヒエ、ソバなども伝わり、弥生時代の末期には、全国で栽培されるようになりました。

政変から逃れて、大陸からイネとともに渡ってきた人々は、北九州や中国地方に住みついて、水稲栽培を始めました。彼らが、渡来系弥生人です。

狩猟や採集をして生きてきた縄文人とは違い、効率の良い方法でコメを栽培し、人口を増やしていきます。そして勢力をどんどん拡大し、近畿から東海、関東や長野の辺りまで進出していきました。

【39】

巨石を輪にして神聖な場をつくり、土偶とともに精霊や祖先を祀った

北海道や東北地方を中心に、環状列石《かんじょうれっせき》という、たくさんの巨石を立てて輪のように丸く並べた遺跡が見つかりました。ストーンサークルとも呼ばれ、イギリスや、アフリカのセネガルからも、有名なものが発見されています。

環状列石からは、土偶や動物の形をした土製品、足形のついた土板、石棒《せきぼう》、石刀《せきとう》などがたくさん見つかります。集落の中央につくられることが多く、墓であるのと同時に、祭りなどの儀式をおこなう神聖な場所でもありました。石の向きが、夏至や冬至の太陽の向きとそろっていることが多く、石の影から、暦や時間を読み解いていたと考えられます。

集落の真ん中や、環状列石の内側では、祭りがおこなわれました。自然界のあらゆるものに魂が宿ると信じていた縄文人は、祭りをすることで先祖や精霊を祀り、健康や狩りの成功、豊穣、子孫や村の繁栄を祈ったのです。祭りは、人々の心をひとつにする大切な行事でもありました。大切につくった酒を飲んだのも、このときです。

祭りのときには、土偶や石棒がもちいられました。

土偶を精霊に見たてて祀り、あるいは、病気や怪我《けが》が治ることを祈って身代わりとして壊しました。発掘された多くの土偶は、つくられた時代に壊されています。縄文時代中期には、女性の形をしたものが多く、安産や子孫繁栄の気持ちがこめられています。ふくらんだお腹は、乳房やお腹のとても大きい、柔らかな線をした土偶があらわれました。ふくらんだお腹は妊娠を示し、その優しい姿から、「縄文のビーナス」と呼ばれます。

青森県の亀ヶ岡遺跡からは、雪のまぶしさを防ぐサングラスをかけているような「遮光器土偶」や、表情がミミズクに似ている「ミミズク土偶」が出土されました。ミミズク土偶は、冠のような不思議な頭に櫛《くし》や耳飾りをつけていて、縄文人の髪型や装飾具、衣服を知る、重要な手がかりになっています。

ほかにもさまざまな土偶があり、日本全国での出土数は1万5000点以上もありますが、多くは東日本でつくられ、西日本からはあまり見つかっていません。弥生時代になると、ほとんどつくられなくなりました。

石棒は、男性の性器を表し、子孫繁栄を祈るものでした。かたい石を割って形をととのえ、

◉土偶と石棒を祀った

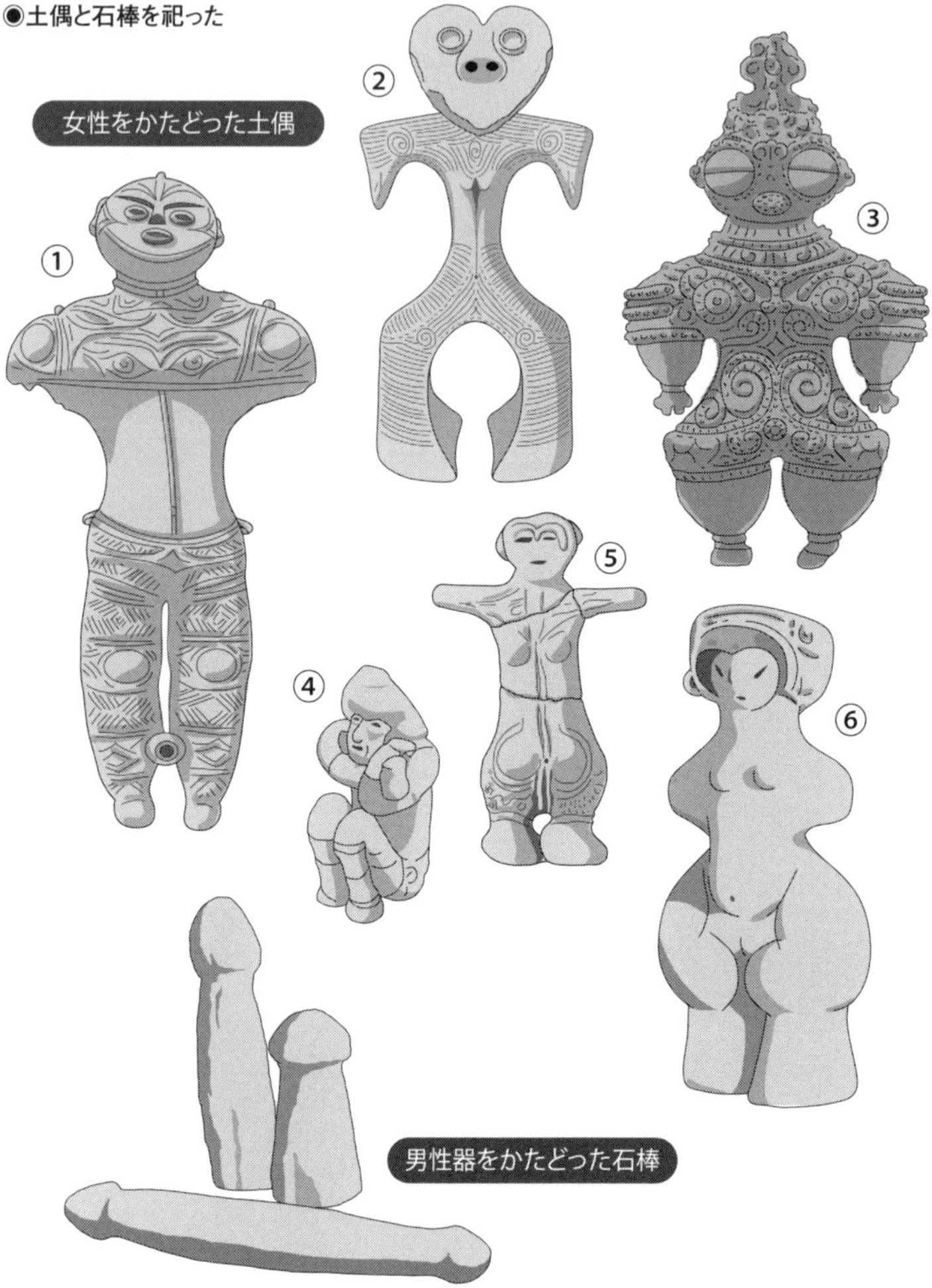

① 高さが40cmを超す最大級の土偶（北海道著保内野《ちょぼないの》遺跡）　② ハート型の顔と乳房に特徴がある土偶（群馬県郷原《ごうばら》遺跡）　③ 遮光器土偶（青森県亀ヶ岡《かめがおか》遺跡）　④ 出産時の姿を表したといわれる土偶（福岡県上岡《かみおか》遺跡）　⑤ 土偶が自立できるように造形されたころのもの（長野県姥ヶ《うばが》沢《さわ》遺跡）　⑥ ふくらんだお腹が妊娠をしめす「縄文のビーナス」（長野県棚畑《たなばた》遺跡）

時間をかけて磨きます。

出土した石棒の中で、最も大きいものは、長さが233センチメートル、直径が25センチメートルもあります。火を使う炉のそばから見つかったり、焼け跡があったりすることから、火と関係のある祭りで使われたと考えられます。

石棒や土偶を用いた祭りは、はじめは東日本を中心におこなわれましたが、縄文時代後期には、西日本にも広がりました。

人々にとって、子孫の繁栄は、集落の生き残りをかけた重要な問題です。

祭りは、精霊や祖先に祈りを捧げる儀式や踊りの場であるのと同時に、男女が交わる重要な場でもありました。まっすぐにそびえる巨石の周りに、数々の石を放射状に並べた環状列石の形は、男女の結合を表しているといわれます。

祭りは、子孫繁栄のための祈りでもあったのです。

【40】

死者の手足を折り曲げる「屈葬」をおこない、イヌの墓もつくられた

縄文時代になると、死者を土葬するようになりました。手足を曲げた「屈葬《くっそう》」をすることが多く、その理由は、生まれたときの姿に戻すためや、寒さに耐えられるようにするためなど、さまざまな説があります。

古代の日本では、人が死ぬと魂は霊となって肉体を離れ、霊が災いをもたらすと考えられました。手足を曲げることで、霊にならないようにしたともいわれます。埋葬した土の上に石を並べた墓も見つかり、石は墓の目印になるのと同時に、死者の霊を封じ込める役割があったとも思われます。このことから、縄文時代の人々は、霊を恐れていたことがわかります。

死んだ新生児や乳幼児は、土器に入れられて、住居の入り口の下に埋葬されました。いつも誰かがまたぐことで、死んだ子どもの魂が母体に戻り、再び生まれてくることを願ったのです。

2歳までの死亡率が高かったので、平均寿命は15歳にしかなりませんが、それ以上生きた人々の寿命は30歳前後でした。人口を保つために、女性は15歳から死ぬまでの16年の間で、2年に

●縄文時代の埋葬

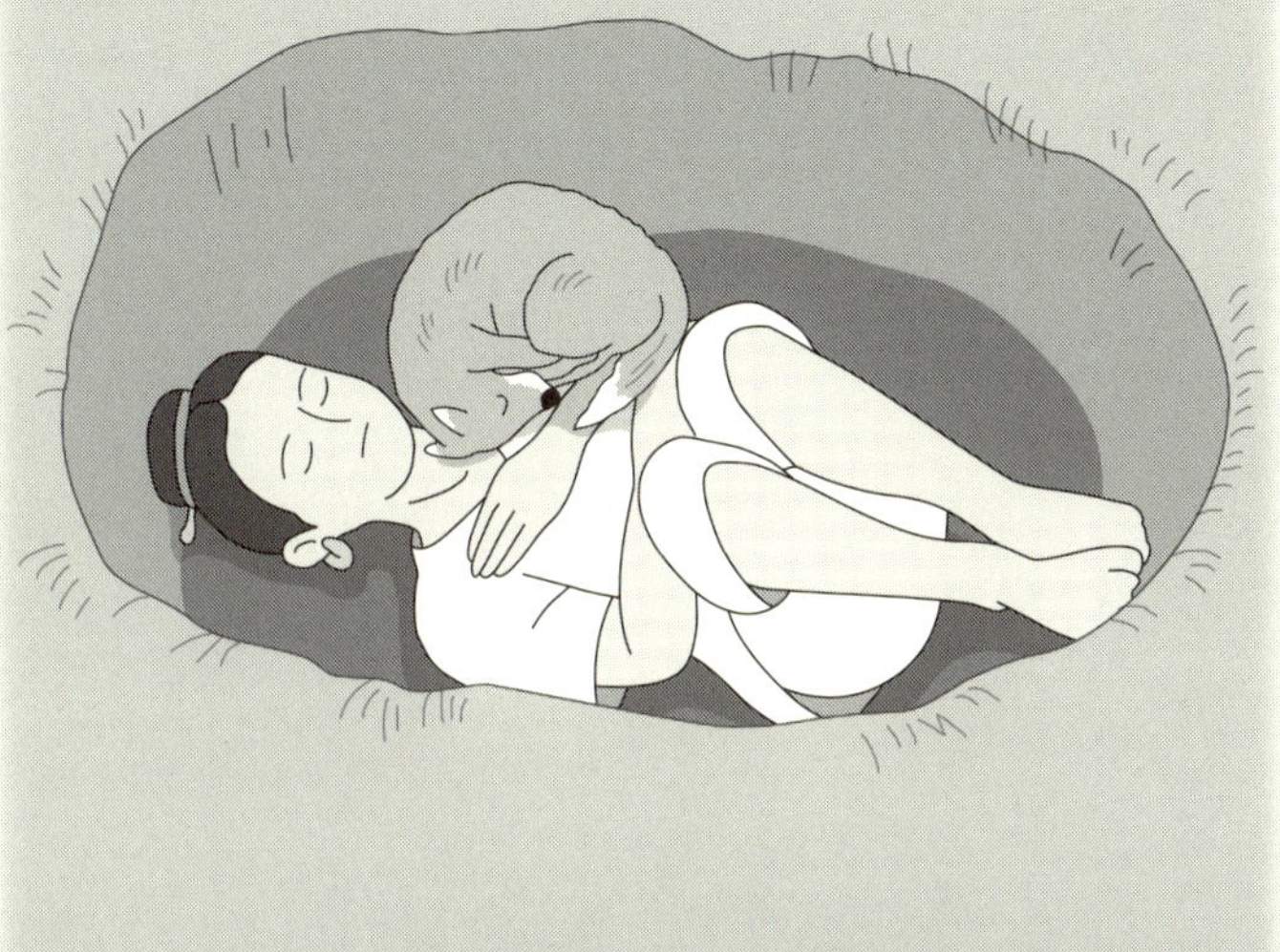

縄文時代の埋葬は、手足を曲げる屈葬が多かった。
イヌの墓もつくられ、人間と一緒に埋葬されることもあった。

1回の出産をしなければいけない見当です。

人と同じように、丁寧に埋葬されたイヌの骨も見つかりました。柴犬に似た種類の日本犬の先祖で、番犬というよりも猟犬として大切に飼われていました。

人と同じ墓に埋められていること、また、狩りの役に立たないような病気のイヌや老犬も大切に葬られていることから、イヌが家族の一員として扱われていたことがわかります。弥生時代よりあとには、イヌの埋葬はほとんど見られません。

【41】

弥生時代へ

新しい時代の幕開けは、多くの場合、ある具体的なできごとが境になっています。例えば、平城京に都が移ったときに奈良時代が始まり、鎌倉に幕府が置かれたときから鎌倉時代が始まる、というものです。けれども、縄文時代から弥生時代への境目ははっきりしていません。徐々に変化していきました。

縄文時代と弥生時代の名前は、それぞれの時代に使われた土器の種類に由来します。縄文土器は、焼成《しょうせい》温度が低くてもろいため厚くする必要があり、表面に縄を押しつけた模様がありま す。弥生土器は、高温で焼くため、かたくて薄くつくることができ、表面がつるりとしていま す。

しかしながら、ふたつの時代を分けるのは、土器の違いだけではありません。中国や朝鮮からたくさんの人々や文化が日本に渡り、水稲《すいとう》栽培や鉄器がもたらされると、小国ができて、貧富の差が生まれます。そうして少しずつ、時代が変化していくのです。

第4部

人類の誕生と文明・日本人のルーツ

日本最古の歴史書『古事記』には、「日本の国は、イザナギノカミとイザナミノカミが国を生むことから始まりました」と書かれています。第1部では神話を、第2部と3部では日本のあけぼのを紹介しました。第4部では、人類がどのようにして誕生し、どんな進化を遂げたのか、また日本人はどこからやってきたのかを解き明かします。

【42】

人類は猿人から新人へ、道具とともに進化した

アフリカの木の上で暮らしていたサルの仲間が、地面に手をつくことをやめて二本足で立ち上がったのは、今から700万年前のことでした。地球が、氷河期に入ったからです。人類は、過酷な環境で生き延びるために木から下りて2本足で歩き、自由になった両手で道具をつくって狩りをしました。

世界最古の人類は、700万年前にアフリカで生まれた、サヘラントロプス・キャデンシス（トゥーマイ猿人）という「猿人」で、アウストラロピテクスよりも、さらに200万年～300万年ほどさかのぼった時代に、直立歩行をして、原始的な石器を使いました。洞窟に住み、木の実や動物の肉を食べて、群れをつくって暮らしました。

次にあらわれたのは、北京原人やジャワ原人などの「原人」です。180万年前にアフリカで誕生して、人類ではじめて打製石器をつくり、狩りや採集をしました。火や言葉を使ってい

◉人類の進化

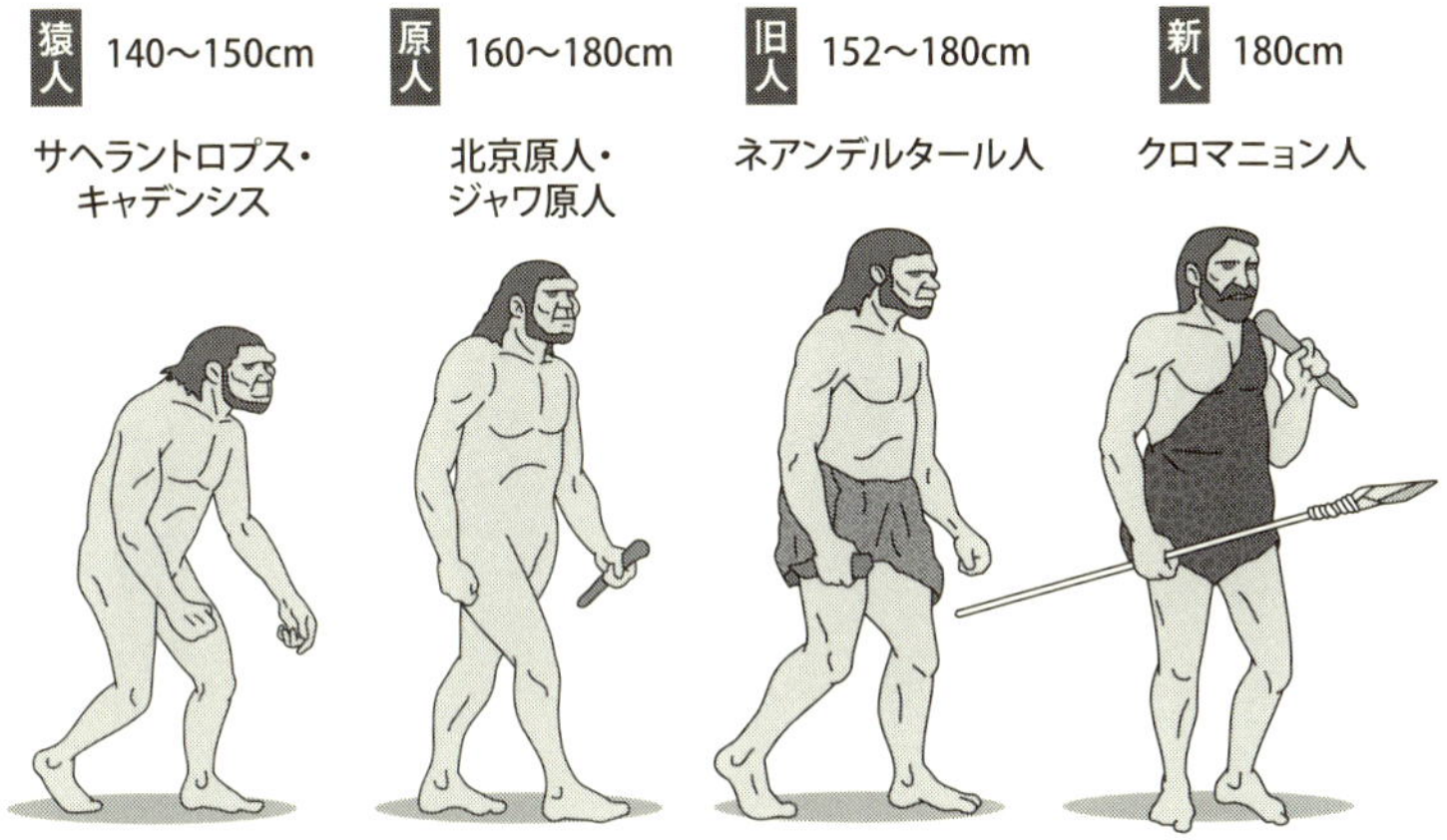

人類は700万年以上前に現れ、猿人、原人、旧人から新人へと進化した。ネアンデルタール人と新人は、何千年もの間共存し交配していたといわれ、そばかすや赤毛、白い肌はネアンデルタール人から受け継いだ。現代人のDNAのほとんどに、ネアンデルタール人由来のDNAが含まれているという。

たことがわかっています。

40万年前になると、ネアンデルタール人を代表とする「旧人」があらわれます。現生人類とほぼ同じ脳容量があり、石の塊をたたいて「剥片石器《はくへん》」をつくり、死者を埋葬しました。

そしていよいよ、私たち現生人類の属する「新人」の誕生です。20万年前に生まれ、そのうちの一部が10万年前にアフリカ大陸から離れて世界中に広がって、ヨーロッパのクロマニョン人や中国の周口店上洞人《しゅうこうてんじょうどうじん》などの、現生人類に進化します。発達した薄片石器や骨角器《こっかくき》を使い、洞窟には人類最古の壁画を残しました。

【43】

猿人は、脳が大きくなる前に二足歩行を始めた

1924年に、オーストラリアの解剖学者が、南アフリカの洞窟で人間とも猿ともわからない幼獣の頭蓋骨を発見し、「アウストラロピテクス」という名前をつけました。

1974年には、エチオピアで320万年前のアウストラロピテクスの化石が発見されます。「ルーシー」と名づけられたこの猿人は、人類の進化において、脳が大きくなるより先に二足歩行をするようになったことを裏づける、重要な証拠になりました。それまでは、脳が大きくなってすぐれた知性をもったゆえに、二足歩行を選択したと考えられていたからです。ルーシーは、二足歩行をしていたにもかかわらず、脳の容量はチンパンジーとほとんど同じで、ヒトの3分の1もない大きさだったのです。

ルーシーの祖先で、森にとどまり続けたものは二足歩行をする必要がなく、チンパンジーやボノボに進化しました。両手を自由に使うことができなかったので、進化の連鎖が生まれるこ

◉人類の類型

	年代	脳の容量	代表的な人類	現在の状況
猿人	約700万年前〜	400cc	サヘラントロプス・キャデンシス アウストラロピテクス ホモ・ハビリス	絶滅
原人	約180万年前〜	1000cc	北京原人 ジャワ原人	絶滅
旧人	約 40万年前〜	1300cc	ネアンデルタール人	絶滅
新人	約 20万年前〜	1500cc	現生人類	現存

とはなく、脳は小さいままでした。

２４０万年前になると、ほかの生物よりも明らかに大きな脳をもつ、ホモ・ハビリスが出現します。身長は１３０センチメートルと小柄でしたが、脳はルーシーの２倍、ほかのホ乳類の４倍も大きく、より直立に近い姿勢で歩くこともできました。

ホモ・ハビリスは、アウストラロピテクスと同じ「猿人」に分類されますが、直立に近い二足歩行をして高い知能をもつ、進化をとげた猿人ということができます。

【44】

原人は言葉を話し、初めて道具を使い、火を使って寒さをしのいだ

180万年前に、脳が大きくなった「原人」が登場します。新しいタイプの人類です。原人は100万年前にアフリカを出て、世界中に広がっていきました。

アジア方面に向かったグループは、東南アジアを通って、50万年前ごろに中国の北京周辺に着きました。これが、北京原人です。東南アジアにたどり着いた集団は、ジャワ原人になりました。

原人は、知的に道具を使った初めての人類です。石のかたまりを打ち欠いた打製石器をつくり、それを使って狩りをしたり、動物を解体したり、木を削ったりしたのです。この打製石器こそが、「旧石器時代」の幕開けを告げる道具です。

石を加工するには、手先を器用に動かさなくてはいけません。道具をつくったり使ったりすることで脳が刺激され、脳はますます大きくなりました。

◉打製石器で動物を解体する原人

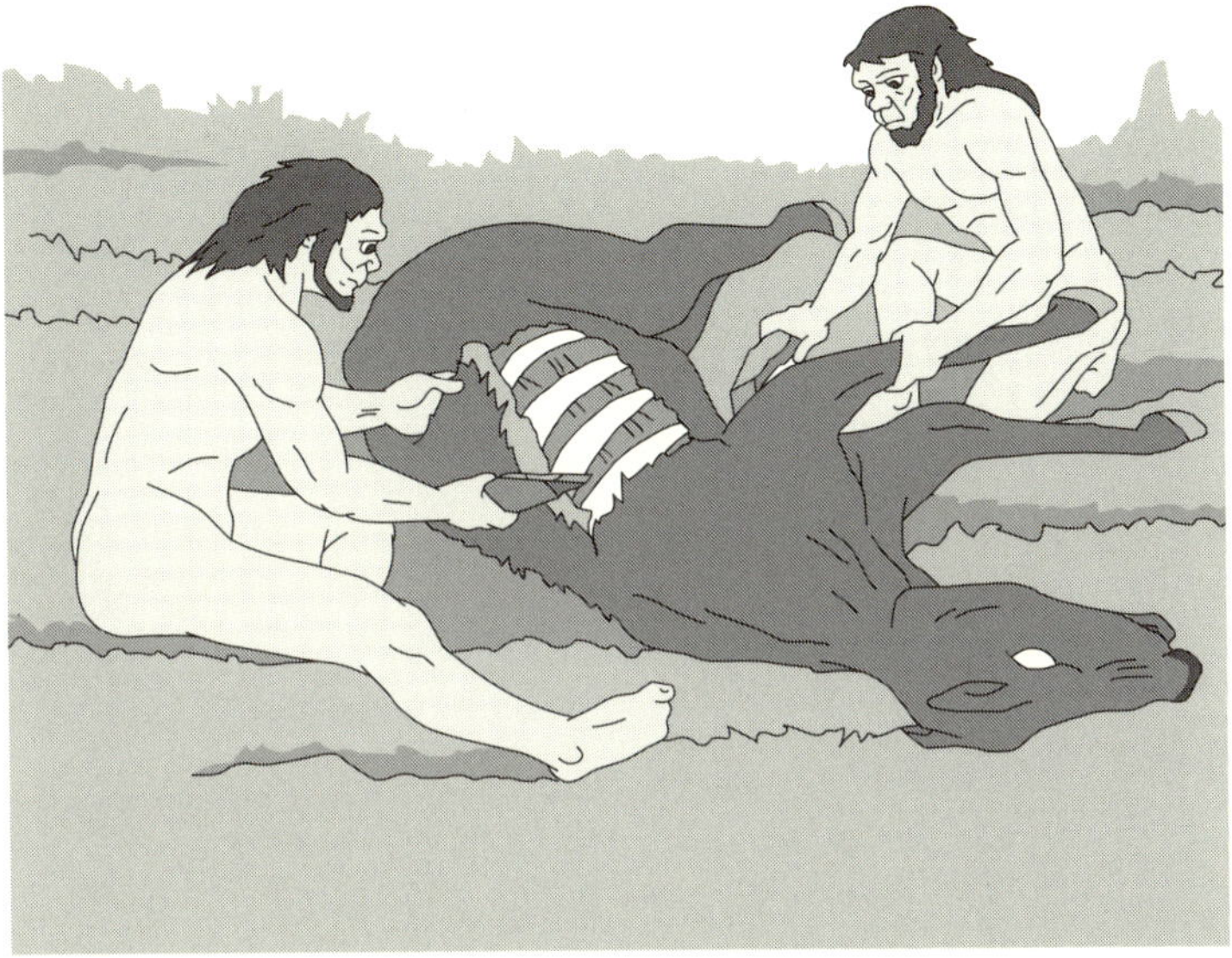

多くの原人は、100人ほどの集団で暮らしました。獲物を求めて移動し、狩りや採集をして、簡単な言葉を使って会話もしました。肉を好み、肉食動物が残した死骸を食べることもありました。脳は大きくなるほど、多くのエネルギーを消費しますが、それを満たすには、肉を食べることが一番なのです。

たき火の跡も見つかっています。火種は雷や山火事から得たものもありますが、イスラエル北部からは、焦げた火打ち石が見つかりました。石を使って、火をおこしていたのです。

【45】

旧人は楽器を奏で、来世の幸福を願った

40万年前になると、さらに進化した人類である「旧人」がアフリカで誕生します。その代表がネアンデルタール人です。アジアに出てから北と西に広がり、ヨーロッパを経由してイギリスにも渡っていきました。

ネアンデルタール人は、現生人類とくらべて毛深く、男性は背がやや低くて165センチメートルほどの、胴長で短足のずんぐりした体型をしていました。そのため体表面積が少なく、氷河期の厳しい寒さを生き延びることができたのです。

ネアンデルタール人の脳は、私たちと同じくらいの大きさがあります。道具をうまく使いこなし、現代人と同程度に器用だったこともわかっています。

石のかたまりをたたいて薄く割った剥片《はくへん》石器をつくって槍の先につけ、シカやウマなどの中型動物を狩りました。当時の槍は投げるためのものではなく、刺したりたたいたりするための道具でした。

◉骨の笛を吹く旧人

旧人は、死者を埋葬した最初の人類です。来世での幸せを祈り、墓には装飾品を入れました。信仰心や宗教観のようなものをもっていたのです。

ネアンデルタール人の住居からは、中が空洞になったアナグマの大腿骨《だいたいこつ》の表面に、穴を開けたものが見つかりました。これは、「ネアンデルタール人の笛」といわれる世界最古の楽器です。哀愁のある音色を奏でるその笛は、死者を葬るときに吹かれたのかもしれません。

現生人類とほとんど同じ舌根《ぜっこん》をしていて、頭蓋骨の底に発声に必要な神経の通る大きさの穴が開いていることから、言葉を流暢《りゅうちょう》に話したと考えられます。

【46】

知性の高い新人が、世界中に広がった

20万年前になると、私たち現代人の祖先の「新人」が現れます。

新人は、10万年前にアフリカを出発し、アラビア半島を経由して、ヨーロッパ、中東、アジアを経て、４万年前にいかだでオーストラリアに渡りました。１万４０００年前には別のルートでアメリカ大陸に到着して、全世界に広がりました。

私たちと比べて、頭の骨が少し大きいものの、ほかはとてもよく似ています。ネアンデルタール人のようにせり出した額はなく、平らで、ほお骨の高い顔立ちをしています。目の隆起が少なく、顎《あご》が前に出ることで脳容量が増えたのです。

フランスで発見された新人のクロマニョン人は、土器や縫い針を使い、動物の脂を燃やすオイルランプも発明しました。石のかたまりをたたいて「石刀《せきとう》」という細長いかけらの骨角器《こっかくき》をつくり、弓矢や槍の先につけて狩りをしました。このように、クロマニョン人は打製石器を使った、狩猟や採集生活を営みました。

◉石刀の作り方

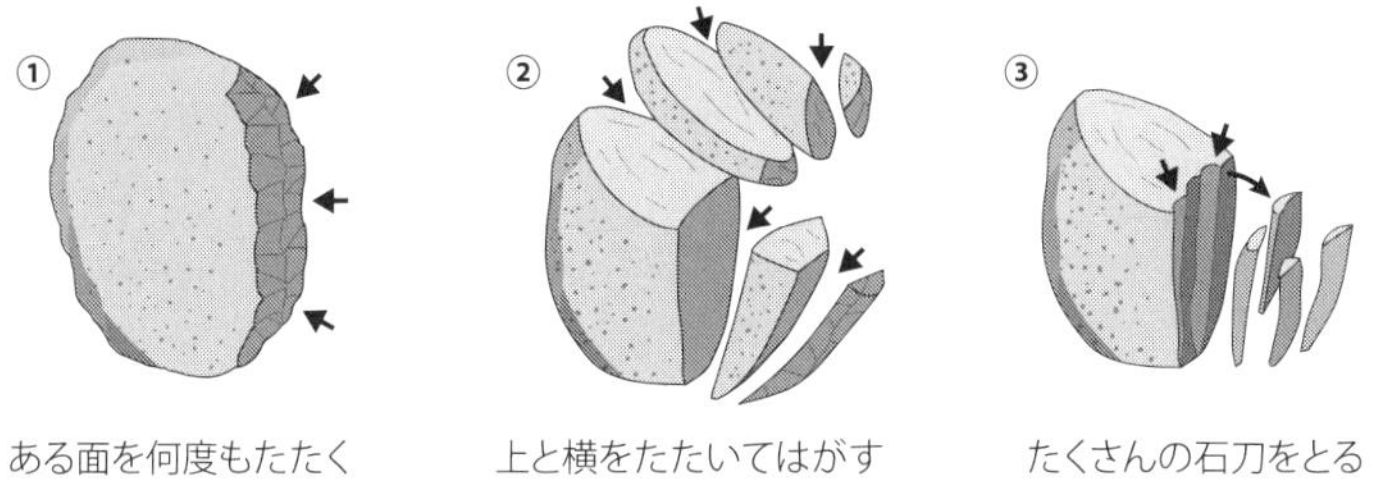

ある面を何度もたたく
上と横をたたいてはがす
たくさんの石刀をとる

◉人類の進化と石器の使用

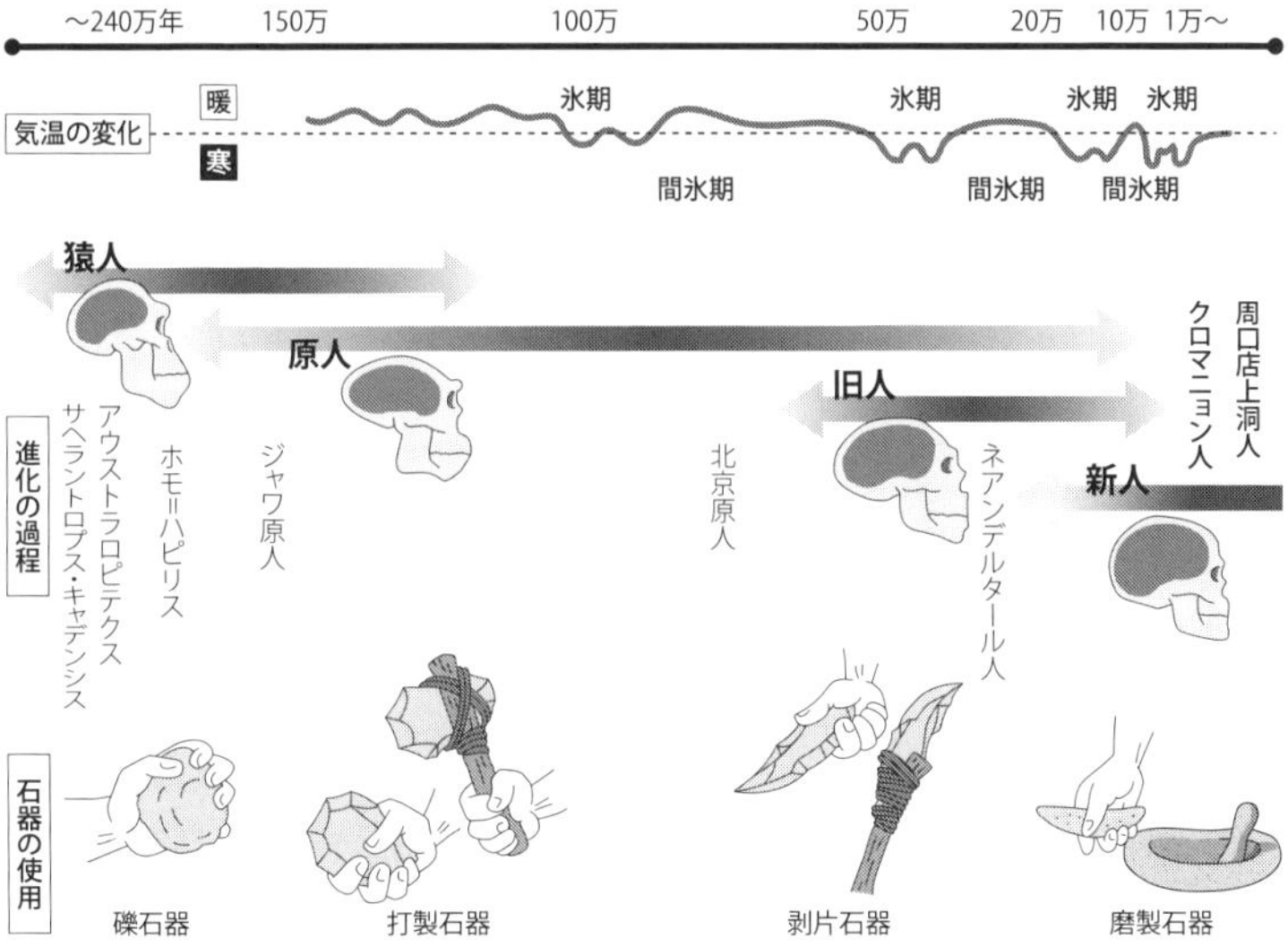

洞窟に住んで洞窟壁画を描き、そこに死者を埋葬しました。住まいに遺体を置いておくのは、肉食獣を誘うことになり、とても危険です。けれども、それでも故人を近くに置きたいという、強い思いがあったのです。

【47】

河の周辺で農耕が始まり、都市や国家が生まれた

人類が誕生したころ、人々は狩りや採集をしましたが、氷河期が終わって暖かくなると、地域ごとに異なる環境に適応するようになりました。

その中で最も画期的なできごとは、農耕や牧畜の始まりです。それによって、人類は、狩猟・採集が中心の獲得社会から、農耕・牧畜を中心とする生産社会に転換できたのです。

農耕や牧畜が始まると、人々は定住して、集落をつくるようになりました。布や土器をつくり、石を打ち欠いたり剥《は》いだりしてつくった打製石器だけではなく、石を磨《みが》いた磨製石器を発明して使いました。これが、新石器時代の始まりです。

集落はやがて連合して、「国家」という組織に発展します。

紀元前3000年ごろに、世界最古の文明といわれる「メソポタミア文明」が、チグリス・ユーフラテス川流域に栄えます。それよりも少し遅れて、ナイル川のエジプト文明、地中海沿岸の

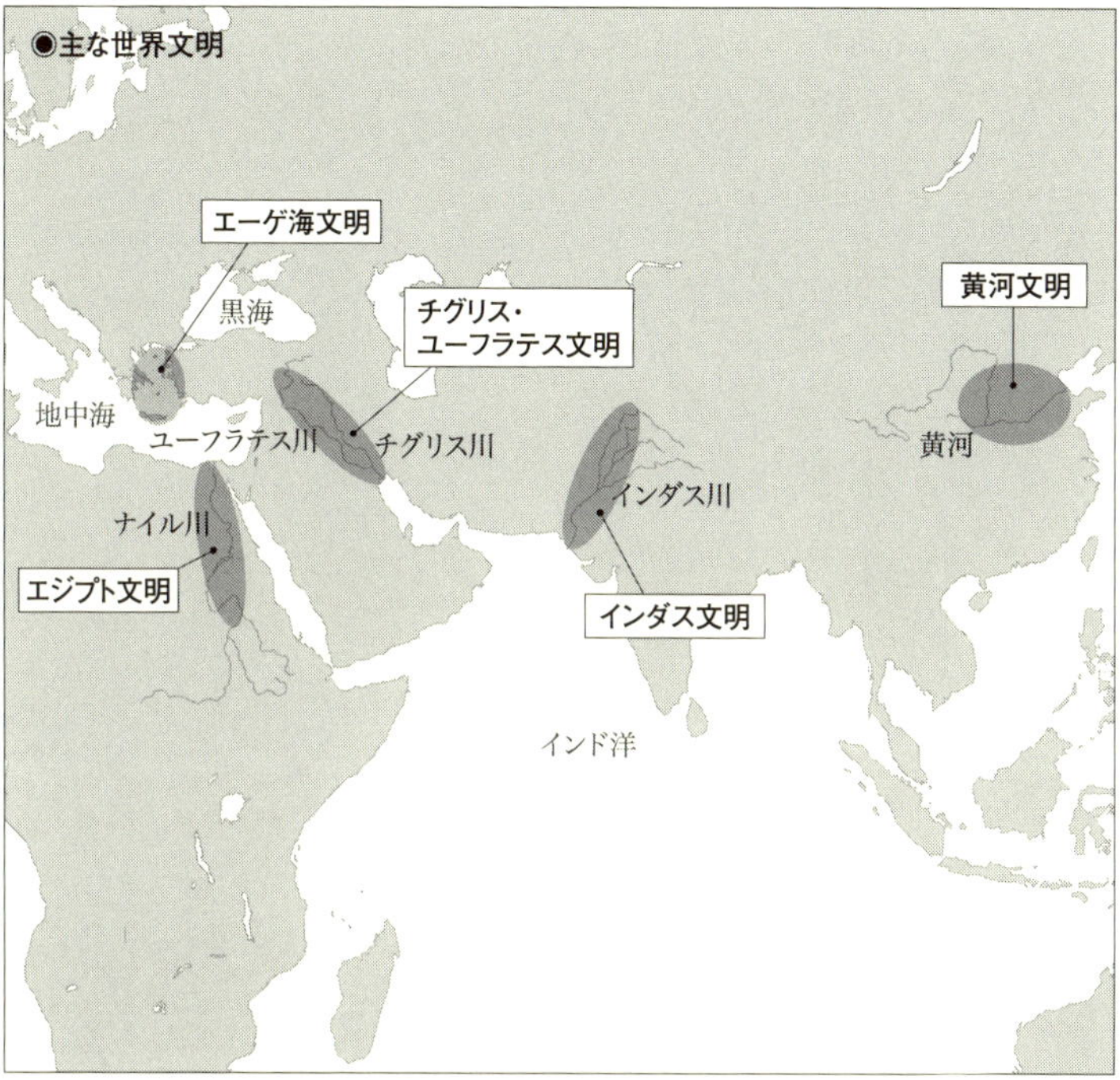

エーゲ文明、インダス川のインダス文明、黄河流域の黄河文明などが続き、絶大な力をもつ国家が誕生しました。

それは、日本では縄文時代のことです。

文明が栄え、文字ができたことにより、人類は、有史時代に入ります。

「有史時代」とそれより前の「先史時代」の違いは、文字があるかどうかです。そして、人類の歴史の中で有史時代は、わずか1％にも満たないのです。

【48】

メソポタミア文明では、世界最古の文字が誕生した

メソポタミア文明は、チグリス川とユーフラテス川の間に生まれた、世界最古の文明です。当時はその周辺をシュメールといい、現在のイラクに位置します。

紀元前3000年ごろになると、シュメールでは、急激に人口が増え、多くの都市国家が誕生します。それぞれの王を中心に、神官、役人、戦士などの階級が生まれ、治水や灌漑《かんがい》が発達し、交易が栄え、支配層には莫大な富が集まりました。

世界で最初に文字が生まれたのも、シュメールです。5000年ほど前、商人たちが粘土板に品物を表す簡単な絵と数を示す記号を刻んで、それを改ざんできないように窯で焼いたのが始まりとされています。やがて、絵のかわりに「楔形文字《くさびがた》」が発明されました。

並外れた才能をもっていたシュメール人は、1週間を7日にするシステムや、六十進法も発明しました。

ハンムラビ法典（抜粋）

1条	人がもし他人を殺人の罪で告訴し、これを立証できないときは、告訴人は死刑に処せられる。
53条	自分の堤防を強固にすることをおこたったために、その堤防で崩壊がおこり、水が耕地を流し去ったときは、崩壊した箇所の堤防の所有者は、彼が流出させた穀物をつぐなわなければならない。
195条	息子がその父をなぐったときは、その手を切り落とされる。
196条	他人の目をつぶした者は、その目をつぶされる。
199条	他人の奴隷の目をつぶしたり、骨を折ったりした者は、その奴隷の値の半分を支払う。

紀元前１８００年ごろにメソポタミア地方を統一した、バビロニア王国のハンムラビ王が定めた「ハンムラビ法典」は、今日でも多くの社会の法律に取り入れられ、「疑わしきは罰せず」は、その大原則となっています。

教育に力が入れられ、都市には図書館が建てられて、男女を問わず、読み書きを学ぶことができました。

シュメール人は、文字を発明して、有史時代の扉を開きました。それは、人類の最も尊い道具となったのです。

【49】

エジプト文明は、太陽の子「ファラオ」の権力で築かれた

紀元前3000年ごろ、エジプトのナイル川流域では、ファラオ（王）による統一国家がつくられました。このときから、3000年に渡るエジプト文明が始まります。地の利があり、外敵の侵入をほとんど受けることがなかったため、独自の文明が開化しました。

「エジプトはナイルの賜物《たまもの》」といわれますが、毎年氾濫《はんらん》するナイル川は、天然の養分を運んでくれました。氾濫を予測するために天体観測がおこなわれ、太陽暦がつくられました。

エジプト文明は、ファラオが絶対的な権力を握って富を独占した文明です。

ファラオは、ピラミッドや水路をつくるため、税の一部を労働で支払わせました。クフ王のピラミッドは、現存する最大のもので、当初は147メートルもの高さがあったといわれます。小型トラックより重い石が、200万個以上も使われました。

太陽神・ラーを中心とする多神教を崇め、ミイラをつくって死者の復活を願いました。墓室《ぼしつ》

の壁に刻まれた碑文《ひぶん》やパピルスという植物からつくられた紙には、ヒエログリフ（神聖文字）と呼ばれる象形文字が書かれています。死者の魂を導くための、「死者の書」も記されました。

天然の要塞《ようさい》に恵まれた古代エジプトは、軍事技術を発達させる必要がありませんでした。

けれどもそれが致命傷となり、アッシリア人やギリシア人の侵入をはじめ、紀元前30年にはローマ人に攻め込まれて、エジプト文明は幕を下ろすのです。

【50】

エーゲ文明を引き継ぎ、アテネやスパルタなどの都市国家が生まれた

エーゲ文明は、紀元前２０００年ごろに古代ギリシアでおこった文明です。はじめに、ギリシア南の地中海に浮かぶクレタ島で栄えました。

クレタ島の人々は、外部に対する警戒心が少なく、その地はヨーロッパと北アフリカを結ぶ地中海交易の中継地として栄え、開放的で平和な暮らしをしていました。

一方、ギリシア本土には、巨石でできた城塞《じょうさい》をもついくつかの小王国があり、戦闘的で軍事に関心がありました。紀元前15世紀には、そのなかで最も力を振るったミケーネ王国がクレタ島を侵略して、支配するようになりました。

エーゲ文明は、紀元前１２００年ごろに突然滅び、その後４００年もの間、ギリシアは社会が乱れて文化が停滞する、暗黒時代に入ります。

エーゲ文明の栄えた地は、どうなったのでしょう。

紀元前８世紀ごろに暗黒時代が終わると、「ポリス」と呼ばれる都市国家ができ、社会は安

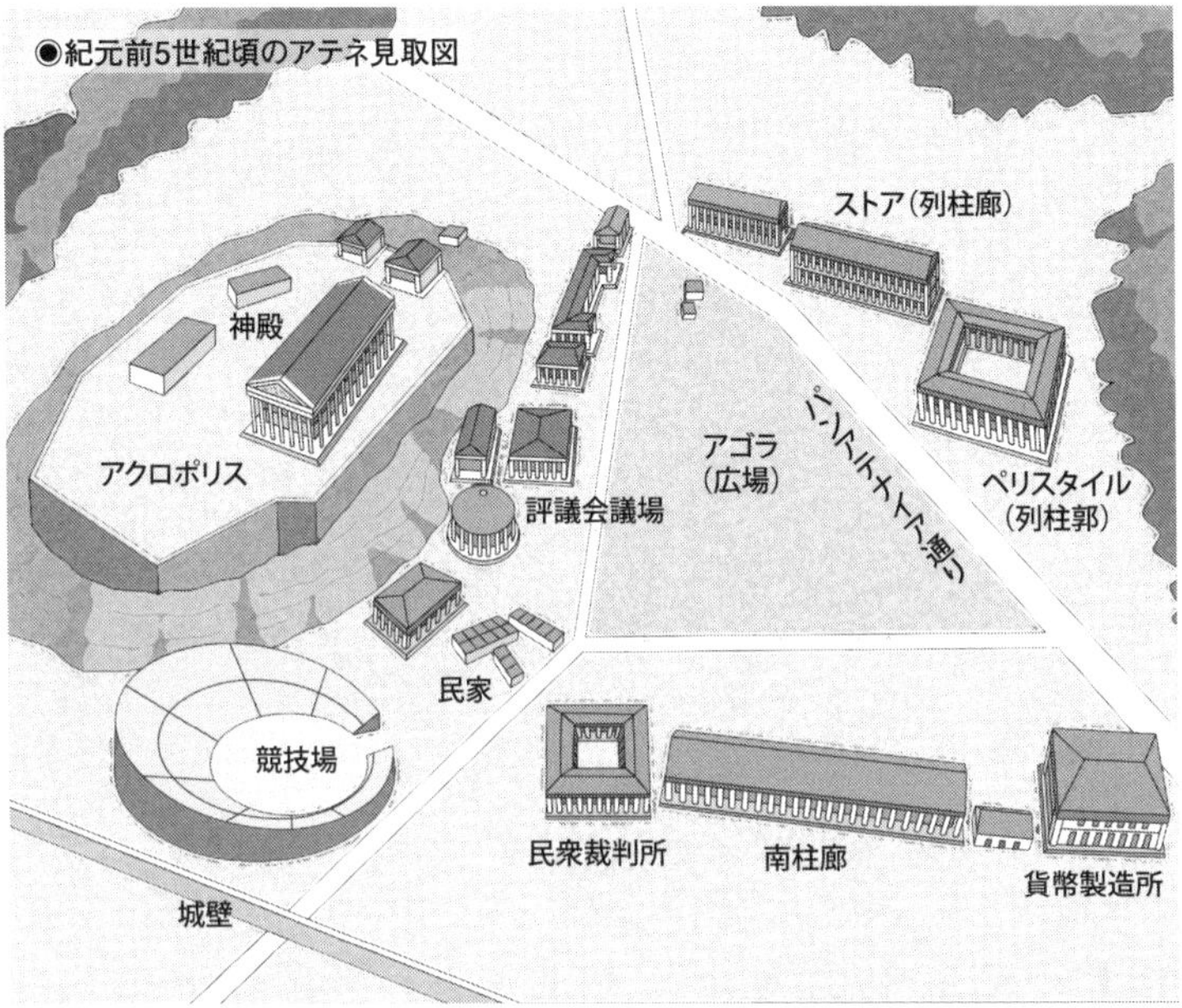

◉紀元前5世紀頃のアテネ見取図

定しました。

　ポリスは、城壁で囲まれた市域《しいき》と、周囲の田園で成り立ちます。市域の中心には「アクロポリス」があり、そこは砦《とりで》でもあり、神殿のある神聖な場所でもありました。アゴラ（広場）では、市場や集会が開かれました。ポリスの中でもアテネとスパルタが、とくに大きな力をもちました。

　スパルタをのぞくギリシアの全ポリスは、のちに、ギリシアの一派で北方にあったマケドニアに支配されます。けれども、その文化は、マケドニアの若き王子・アレクサンドロスの東方遠征によって東方の文化と融合し、ローマ文明に受け継がれていくのです。

【51】

インダス文明は、貧富の差がなく、二階建て家屋や床暖房のある最も高度な文明だった

インダス文明は、紀元前2300年ごろ、インドやパキスタンのインダス川流域におこりました。メソポタミア文明やエジプト文明と違って、王族の墓や、有力な支配階級がいたことを示す建造物がありません。それは、当時の人々が富を分けあい、貧富の差のほとんどない平等な暮らしをしていたことを意味しています。

都市の大きさは、インダス文明を代表するモヘンジョ＝ダロやハラッパーの遺跡でさえも、メソポタミアの小都市にやっと匹敵するような規模でしたが、道路や下水道は碁盤目状《ごばんのめ》に張りめぐらされ、現代のインドよりも進んでいたと考えられます。建築技術にも優れ、5000人も収容できる集会場や倉庫、公衆浴場、プールなどの公共施設に、史上初の2階建て家屋や、床暖房さえもつくりました。当時の世界で、最も高度な文明が発達していたのです。

紀元前1800年ごろから、インダス文明は、徐々に衰退しました。人々がどこに行ったのか、なぜそうなったのか、原因はいまもわかっていません。

のちに、インドの文明は偉大な宗教を生み出します。紀元前6世紀に、シャカ族の王子・ゴータマ・シッダールタ（仏陀《ぶっだ》）が、輪廻転生《りんねてんしょう》という迷いの道から解脱《げだつ》する道を説く、仏教を開きました。

その後、他者の救済を大切に考え、出家しないまま修業をおこなう「大乗《だいじょう》仏教」が広まります。そして、ギリシアを中心にしたヘレニズム文化の影響を受けて、ガンダーラ地方では、初めて仏像がつくられました。

◉ガンダーラ様式の石像仏

【52】

黄河文明は、漢字や儒教などの東洋思想を育んだ

「中国3000年の歴史」という言葉があります。3000年は、本当は5000年ともいわれます。5000年は、黄河と長江流域で文明がおこってからの年月です。3000年は、殷《いん》や周《しゅう》の時代に、中国の歴史が記されるようになってから数えた月日です。そして、中国の文明は、ほかの国の古代文明がとっくの昔になくなっても、現在にいたるまで、ずっと続いているのです。

養蚕で栄えた黄河流域の人々は、長江流域の米や鉄に目をつけて我がものにするため、その地を征服しました。このときに、全土に稲作が広まります。

考古学的な証拠のある初めての王朝は、紀元前16世紀から17世紀のころに誕生した殷です。殷では甲骨《こうこつ》文字を使いましたが、現在使われている漢字とよく似ていて、簡単に解読することができます。中国で、古代文明が途切れることなくいまに続いている証拠です。

王たちは、占いの儀式を呪術師たちに任せず、みずからおこないました。甲骨文字で亀の腹《ふっ》甲《こう》に質問を刻み、金属の棒を熱して押しつけて、その亀裂《きれつ》から答えを導くというものです。

歴代の王たちが戦をくり返し、紀元前400年ごろに7つの強国があらわれると、中国は戦国時代に入ります。たくさんの思想家が登場し、このころに広まった孔子の儒教は、家族への忠誠、年長者への尊敬、歴史を賞賛する心を、教えの3本柱にしました。

そして紀元前221年に、7つの強国の中の「秦《しん》」が周辺諸国を従えて、秦の君主・嬴政《えいせい》が「始皇帝《しこうてい》」という名のもとに、中国をついに統一したのです。

◉甲骨文字が刻まれた獣骨

亀の腹甲や牛の肩胛骨《けんこうこつ》などに、甲骨文字で質問を刻んだり、小さな穴をあけたりしてから火であぶり、できたひび割れで神意を占った。その結果を、文字で記すこともあった。

«COLUMN» 歴史こぼれ話

「すべての道はローマに通ず」といわれる巨大ローマ帝国が、世界を席巻した

「世界の古代文明は、四大文明である」と教わったため、本章に「エーゲ文明」が入っていることを疑問に感じた読者も、少なくないと思われる。しかし、「四大文明」という考え方は古く、かつては4つの文明しか見つかっていなかったため、そう名づけられた。

本章には、その中でも後世に大きな影響を与えた「エーゲ文明」を加えた。さらに本コラムでは、エーゲ文明の地で生まれ、ギリシア文化の知識を発展させた、ローマ帝国について綴《つづ》る。

ローマ帝国は、紀元前10世紀に、古代イタリア人が、現在のローマ付近を流れるテヴェル川のほとりに小さな国家を築いたことから始まった。ローマは先住民を通してギリシア文化を取りいれ、優れた能力を発揮したのである。農民を武装させて軍事力の中核にすると、ほかの小国を征服して、紀元前3世紀前半には全イタリア半島を支配した。そして次々に領土を広げ、600年に渡って、ヨーロッパ、北アフリカ、中東を席巻《せっけん》した。

クレオパトラを愛したカエサルや、クレオパトラを死に至らしめたオクタウィアヌスは、ローマで活躍した英雄である。

ローマ人は捕虜を奴隷にして、大規模な建設工事を進め、ローマを地上で最も進んだ都市に作り上げた。「すべての道はローマに通ず」と言われるほど道路網を発達させ、水道の建設に尽力し、建築技術にも力を入れた。古代ローマ最大の円形闘技場のコロッセウムは、周囲が527メートル、高さが48・5メートルもあり、5万人以上の観客を収容して、剣闘士の戦い、狩り、処刑などの見世物をおこなった。

しかし、人工物の発達には、

◉コロッセウム
ティトゥス帝時代の80年に完成した競技場。
ネロ帝の像（ラテン語でコロスス）にちなんでこう呼ばれる。
剣闘士の試合や猛獣との闘いなどが公開された。最大直径188mで5万人以上を収容できたという。

大きな弊害もある。鉛でつくられた、全長420キロメートルを超える水道管や、家庭で使われる鍋や釜により、深刻な中毒が起きた。鉛中毒は精神障害を引き起こし、ローマ皇帝たちにも狂気をもたらした。ネロ皇帝がローマの半分以上が燃えた大火のときに竪琴《たてごと》を弾いていたことや、カリグラ皇帝が戦に軍隊を遣わしたにもかかわらず、気が変わって浜辺で貝を拾わせたことなどが挙げられる。

ローマ帝国が最盛期を迎えた頃、ローマ支配下のパレスチナでイエス=キリストが生まれてキリスト教を広め、絶大な支持を得た。しかし、キリスト教は唯一絶対の神を信じて皇帝礼拝を拒んだため、長きに渡りすさまじい迫害を受ける。だが、それを禁じれば帝国が維持されないほどの状態になって公認され、後にはローマ帝国の国教となる。

その後、巨大になりすぎた帝国内部は混乱し、東西に分かれた。西ローマ帝国は476年に滅亡、比較的安定していた東ローマ帝国は1453年まで続いた。

第3章

日本人のルーツ

【53】

世界の人類は、同じ祖先をもっている

日本人は、どこから来たのでしょうか。また、人類はどこで生まれたのでしょう。かつては、日本や中国などの東アジア人の祖先は北京原人、ヨーロッパ人の祖先はクロマニョン人で、発祥は異なるといわれました。けれども、その後の研究で、現代人はすべて、アフリカで生まれた「ホモ・サピエンス（新人）」をルーツにもつことがわかりました。

新人より前に現れた猿人、原人、旧人もアフリカで生まれましたが、数万年前までにすべて絶滅してしまいました。

700万年前に誕生した人類のほとんどは、アフリカを離れませんでした。なかには、中国の北京原人や、ヨーロッパのネアンデルタール人の祖先などのように、ユーラシア大陸に向かって出発した集団もいましたが、現代人につながる新人となるグループは、アフリカにとどまりました。そして20万年前に、最初の「新人」が誕生します。

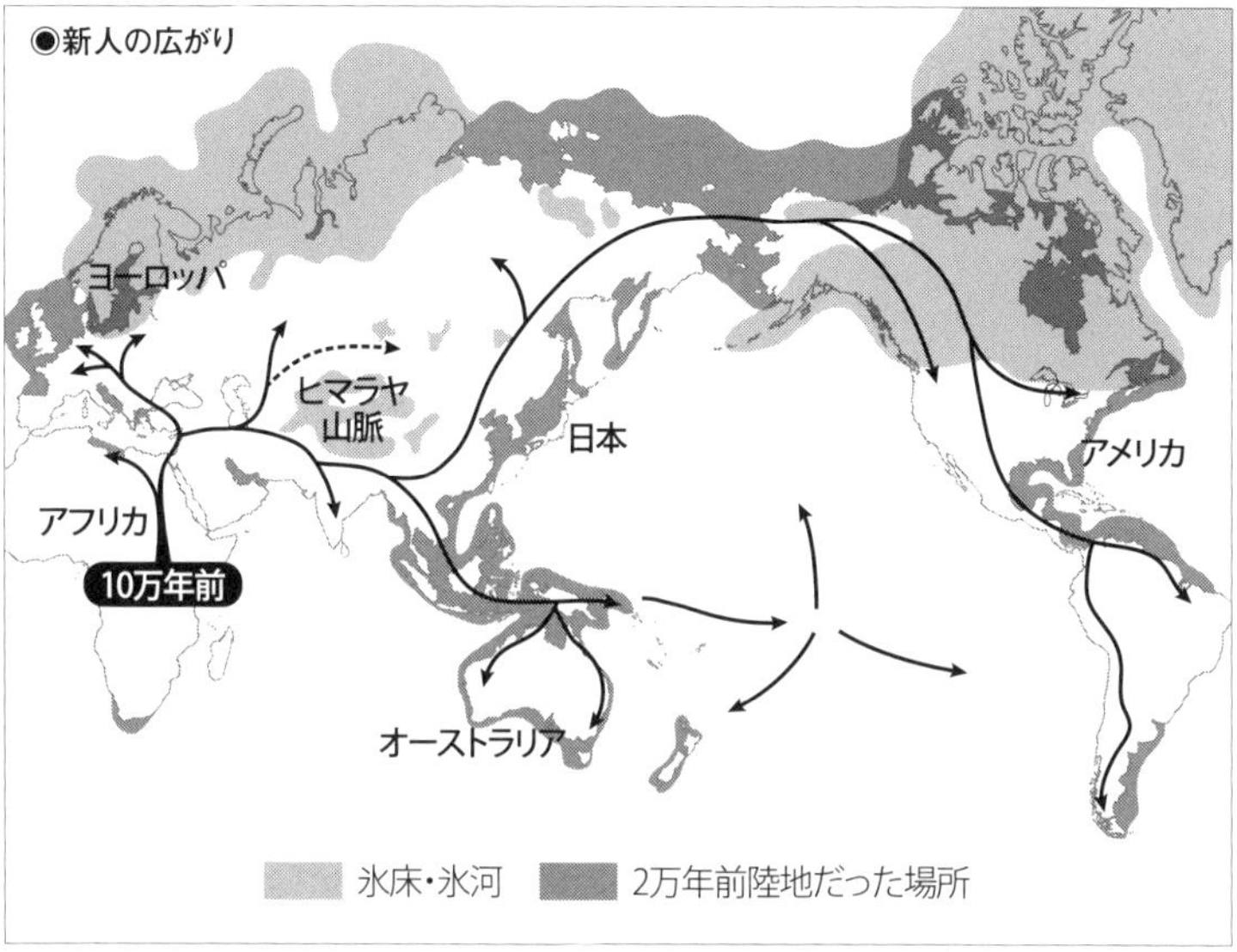

その10万年後に、新人は、ユーラシア大陸に移動する動物を追ってアフリカを後にしました。このときにアフリカに残った集団が、現在のネグロイド（黒人）の祖先です。

アフリカを出発した新人は、西はヨーロッパ方面に、東はアジア方面に分かれて進み、東を目指した人々が、日本人を含むモンゴロイド（黄色人種）の祖先になりました。

初期の新人と、旧人のネアンデルタール人は、何千年もの間、同じ時代に同じ地域に共存したため、交配することもありました。現代人には、1～4%、ネアンデルタール人の遺伝子が受け継がれているのです。

【54】

モンゴロイドは、ヒマラヤ山脈を南北に分かれて東進した

10万年前にアフリカを出発して、ユーラシア大陸を東に向かった新人は、ヒマラヤ山脈という大きな壁を前にしました。彼らはそこで、シベリア方面の「北回り」と、インドシナ方面の「南回り」に分かれました。

モンゴロイドははじめのうちは、アフリカのネグロイド（黒人）と同じような容姿をしていましたが、ヒマラヤ山脈から先の進み方によって、大きな違いが生まれます。

気候の違いにより、動物は一定の法則で変化します。

北方の動物は体の色が淡く、南方の動物は濃くなるというものです。ホッキョクグマは白く、ヒグマは黒いのも、これにあてはまっています。

人間の肌の濃淡を決めるのは、メラニンです。細胞内にある黒い色素で、紫外線を吸収して、体を守る働きをしています。そのため、紫外線の量が多く暑い地域に住む人々は、メラニンの

「新モンゴロイド」と「古モンゴロイド」の「新」と「古」は、時代の新旧をしめすものではない。南回りのルートを進んだ人々は寒さに適応する必要がなく、アフリカのネグロイドと外見上の変化が少なかったため「古モンゴロイド」と呼ばれ、それに対して北回りに進んだ人々が「新モンゴロイド」と呼ばれた。古モンゴロイドと新モンゴロイドは、日本で出会った。

量が多くなり、肌の色が黒くなります。

その一方で、紫外線は、体内でビタミンDを合成するのに欠かせません。紫外線の量が少ない寒い地域に住む人は、少しでも多くのビタミンDをつくるためにメラニンの量が少なくなって、肌の色が白くなるのです。

こうして、ヒマラヤ山脈から北回りのルートを通った人々は、黄色人種の中でも肌の色が白っぽく、「新モンゴロイド」と呼ばれ、南回りの人々の肌は黒っぽく、「古モンゴロイド」と呼ばれました。

【55】

古モンゴロイドは、北上して、東の終着点・日本にたどり着いた

アフリカを出発して、ヒマラヤ山脈から南回りのルートを選んだ古モンゴロイドたちがたどり着いた東南アジアは、現在とは様子がずいぶん異なりました。

海面は今よりもずっと低く、インドシナ半島と、インドネシア諸島やフィリピン諸島の多くが陸続きになっていました。この陸地が、「スンダランド」と呼ばれます。

緑の茂る熱帯雨林の森には豊かな食料があり、古モンゴロイドたちは、スンダランド中に広がって、そこからさらに北や南へと移動を始めます。

南に向かった集団は、スンダランドと地続きになっていたジャワ島やバリ島に進み、4万年前にオーストラリアに到着して、アボリジニの祖先になりました。彼らは、外海での航行《こうこう》にも順応できる、世界最古の海洋航海民です。

また、スンダランドから北に向かった人々は、インドシナ半島を一直線に北上して、東アジア一帯で暮らすようになりました。

そしてついに、３万５０００年前に、大陸の東の端《はじ》に到着した人々が、当時は陸続きだった日本に渡っていきました。日本は、古モンゴロイドの東の終着点なのです。

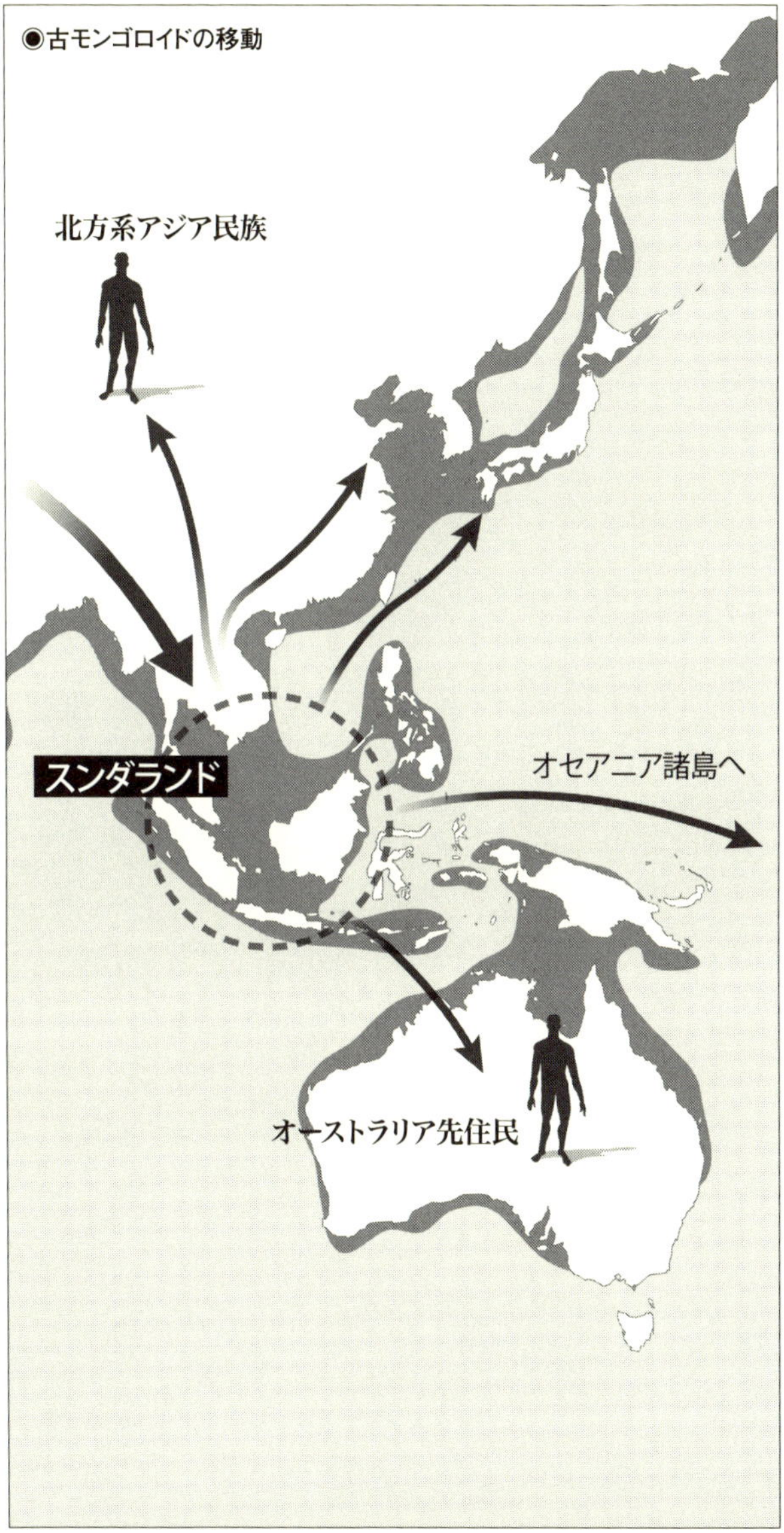

……【56】

新モンゴロイドの「弥生人」と古モンゴロイドの「縄文人」が、日本で再会した

ヒマラヤ山脈から南北に分かれたモンゴロイドのうち、南回りを選んだ人々を「古モンゴロイド」と呼びます。彼らはスンダランドで、さらに北と南に分かれました。日本に初めて渡ってきたのは、スンダランドを北上した、古モンゴロイドです。日本列島の各地に散らばって、縄文人の祖先となりました。

1970年に、沖縄県の港川石灰岩採掘場から、縄文人の祖先と考えられる古モンゴロイドの骨が見つかりました。「港川人《みなとかわじん》」です。

港川人が日本に入った経路には、2つの説があります。最も有力なのは、スンダラントからまっすぐに日本に入ってきたという説です。港川人の骨が、インドネシアのジャワ島で見つかったワジャク人に一番近いからです。ワジャク人が「いかだ」で海を北上して、港川人になったのではないかというものです。

もうひとつの説は、スンダランドを出発して陸づたいに北上し、中国を経由したものです。中国南東部の柳江人《りゅうこうじん》か、北京周辺の山頂洞人《さんちょうどうじん》が、港川人になったと考えるものです。

温かくて湿度の高い日本列島にたどり着いた古モンゴロイドは、やがて土器を発明し、豊かな縄文文化をはぐくみました。

紀元前300年ごろに、日本には大陸から大量の移民がやってきました。その移民こそが、ヒマラヤ山脈を北回りに進んだ、新モンゴロイドです。4000年前に始まった気温の低下により寒さを逃れた新モンゴロイドは、朝鮮半島に渡り、その中の一部の人々は玄界灘《げんかいなだ》を越えて、北九州や中国地方にたどり着きました。

このときを境に、日本は弥生時代に入ります。このころ日本に来た新モンゴロイドが、弥生人と呼ばれる人々です。

こうして、ヒマラヤ山脈のふもとから別々の道を歩んだふたつのモンゴロイド、新モンゴロイドと古モンゴロイドが、縄文時代の終わりに、極東《きょくとう》の地・日本で出会うことになったのです。

【57】

現代日本人の遺伝子は、7割が薄顔の弥生系で、3割が濃顔の縄文系である

紀元前300年ごろ、大陸からたくさんの人々が訪れると、日本では縄文時代が終わりを告げて、弥生時代に入ります。

古モンゴロイドの血を引く縄文人は、彫りが深く、はっきりとした二重まぶた、眉から顎《あご》までが短い顔で、いまでいうところの、「濃い顔つき」です。肌の色は濃く、身長は、男性で約158センチメートル、女性で147センチメートルと小柄です。

新モンゴロイドの血を引く弥生人は、縄文人とは対照的です。顔の凹凸が少なく、細い目と薄い唇、眉から顎までの長いのっぺり顔で、いまでいうところの「薄い顔つき」です。肌の色は淡く、身長は、男性で約164センチメートル、女性で150センチメートルと、縄文人と比べて大柄です。

大陸から渡った弥生人は、数々の戦をくぐり抜け、戦争に対する技術をもっていました。敵の少ない島国で育った縄文人は、対抗できる術がなく、平野から追われていきました。

◉モンゴロイドの違い

古モンゴロイド	◀ VS ▶	新モンゴロイド
縄文人	子孫	弥生人
狩猟・採集	生活の形態	農耕
彫りが深い	顔の特徴	のっぺりと扁平
二重	まぶた	一重
男性 158cm　女性 147cm	身長	男性 164cm　女性 150cm
手足が長い	体型	胴が長い
濃い	体毛	薄い
湿っている	耳垢	乾いている

こうして弥生人は、日本中に広がっていきました。そして、人々の移動とともに、弥生人の水稲《すいとう》栽培の技術が全国に伝わっていったのです。

縄文人と弥生人が、一緒に暮らしていた遺跡も発見されています。古モンゴロイドと新モンゴロイドは交配を進め、両方の特徴を備えた日本人が誕生するのです。

日本人の遺伝子は、縄文系の濃顔を3割、弥生系の薄顔を7割受け継いでいるといわれます。

【58】

渡来型弥生人は、土着型縄文人を南北に追いやった

北海道に住むアイヌや、沖縄に暮らす人々こそが日本人の祖先・縄文人という説を立てたのは、江戸時代末期に来日した、ドイツ人のシーボルトです。

シーボルトは、長崎のオランダ商館の医師として働きながら、日本の動植物や歴史、言語を研究した学者でもありました。

大陸から北九州や中国地方に渡ってきた新モンゴロイドの血を引く弥生人は、古モンゴロイドの縄文人を、北へ南へと追いやりながら、日本中に広がりました。こうして縄文人は、日本列島の南北の端《はじ》に追いやられることになりました。

シーボルトが考えた通り、かつて日本の南北に離れて暮らしたアイヌ人や沖縄の人々こそが、渡来人の影響を受けない、肌の色が濃く、顔の彫りの深いという縄文人の特徴を残した日本民族だったのです。

奈良県を中心に勢力を伸ばした大和《やまと》政権は、5世紀ごろまでに日本をほぼ統一しましたが、各地には服属しない反対勢力もありました。

東北地方から北海道にかけて暮らした蝦夷《えみし》は、大和朝廷とは異なる言葉や風習をもち、朝廷に対して反乱をくり返すようになりました。また、大和と違う文化をもつ、九州南部の隼人《はやと》や熊襲《くまそ》という集団も、朝廷への反乱を重ねます。

大和の人々が弥生人の血を引いていたことに対して、蝦夷や隼人、熊襲は、縄文系の血筋を強く残していたのです。

大和政権にとって、日本の北と南は、異なる文化をもつ集団が住む土地でした。そして、文化の違いは、時として戦を引きおこしたのです。

現在でも、縄文系と弥生系の身体的な特徴は、私たちの体のいたるところにあらわれます。近畿地方や中国地方、九州の人々は、身長が高く、顔が細長いという弥生系の特徴が強いのに対して、日本列島の南北の両端にいくほど、身長が低く、顔が短くて彫りが深いという縄文系の血筋が強くあらわれます。西日本と朝鮮半島に住む人々の特徴が似ていることからも、弥生人が朝鮮半島を経由して渡ってきたことがうかがえます。

◉日本列島のあけぼのと古代

今から1500万年前に、日本列島は、大陸から離れはじめる。それまでは、大陸の一部であった。まるで、母の子宮から脱して一人立ちしていくかのように、次第に大陸から離れて日本列島を形成していく。それにつれて大陸と日本列島との間の海峡に海水や土砂が流れ込みはじめていくのである。その海峡が日本海となる。地質学では、対馬を軸にして47度時計回りに回転してできたのが、現在の日本列島の原型だとされている。つまり、大陸移動がここ東アジアでも起きたのであった。

この気が遠くなる時間経過のなかで日本海と名付けられたのは、地学的要因からすれば、的確な表現であるように思われる。

その約800万年後には、猿人類が出現する。

3万5000年前には、古モンゴロイドが日本列島にやってくる。

2万年前の更新世後期の氷河期が終わるころには、寒気がゆるんでいく。

このころ、東京湾には、古東京川があったというのである。支流である多摩川が注ぎ込み大河となって太平洋に至っていたのである。1万年前に、温暖化がはじまり地球規模で海面が上昇していった。日本列島周辺でも海面が100メートル上昇した。これによって、多くの海岸線が水没していく。

この間、人々は、低地で生活をしていたと思われる。100メートルというと丘というより小高い山の高さほどにもなる。その尺の高さの分だけ、海面下にはなだらかな陸地が広がっていたのである。島根県の島根町には、七つ穴という洞窟がある。その穴が海面に大きな口を開けている様子がよく見える。この入口がタコの口の形に似ていることから「多古の七つ穴」と呼ばれている。このあたり一帯から、旧石器が漁師の網に引っかかりよく引き上げられたという話を聞いた。私は、幸いこの石器を拝見することができた。石器の調査をしていたのは、出雲国庁の発見者である恩田清氏であった。4、5時間ほど石器について話を聞くことができた。手にしたとき、当時の旧石器人の誇りが感じとれた。「どうだ、同じものをつくれるか」という言葉が聞こえてきそうであった。それは旧石器時代のポイントといわれる尖頭器であったと記憶している。棒の先端に槍先形に尖らせた石器をつけて狩猟で使った。恩田氏の実家の庭や研究室は、調査を待っている石器で埋め尽くされていた。

日本のあけぼのは、旧石器時代から縄文時代へと突入していく。

「はじめに神は天と地を創造された。むなしく、やみが淵のおもてにあり、神の霊が水のおもてをおおっていた」と、旧約聖書の創世記第1章の1~2節に書かれている。こんな地形の成り立ちは、古事記のなかに再現されているように見える。

古事記は、「天と地が初めて生まれたとき、高天原に天之御中主神があらわれました」という書き出しからはじまっている。つまり、旧約聖書では神が天と地を創造し神の霊が水のおもてをおおっていて、のちにアダムとイブがでてくる。古事記では天と地が初めて生まれたときに、天之御中主神が現れ、のちにイザナギとイザナミが島や人を生んでいくというプロセスがあって、共通している部分がある。旧約聖書が編纂されたのは紀元前5世紀から紀元前4世紀ごろとされている。古事記の編纂にあたって外国の神話を取り込んだとしても何ら不思議なことではない。古事記は8世紀に編纂された。この間、約1200年がたっているが、弥生人がもたらしたのかもしれない。また、聖徳太子の国記なども取り込んだという可能性も否定できない。

古事記は、天武天皇のとき稗田阿礼による伝承記憶や先代旧辞を太安万侶に託し編纂されたものである。

それはともかく、イザナギとイザナミは天と地を結ぶ「天浮橋」に立ち、天沼矛を海に下ろした。そして、「こおろ、こおろ」とかき混ぜて矛を引き上げると、矛からポトリとしたたり落ちた塩が固まって、オノゴロ島ができた。「オノゴロ島」は明石市の子午線に近いところにある。日本列島の地理的中心であり、天皇家はヤマトを政治の中心とした。「オノゴロ島」は「ヤマト」から見れば庭先ほどの距離のところにある。

しばらく、旧約聖書と古事記の神話の類似点を見てみよう。

旧約聖書では、アダムとイブが最初の人であり、エデンの東にある小さな園で成長していく。古事記では、イザナギとイザナミは「オノゴロ島」で、日本列島をつくったあとに神々を生んでいく。イザナミが火の神であるヒノカグツチを生むときに火傷をして命がつきたとある。「火」は、神々（祖神）と一体になるための祭事でよく見受けられるし、コノハナサクヤビメが身の証をたてるときにもあらわれた。また、オオクニヌシも火傷で命を落としたが再生した話がある。イザナミは、命をかけて火の神を生んだ。そして、命が尽きてしまったのである。イザナギは禊をして身を清めてから、アマテラス、ツクヨミ、スサノオを得ている。

旧約聖書は、イブが先に罪を犯し、アダムと神に過ちの告白をしている。そののち、イブは生きてアダムとともにエデンの園から出ていくことになる。ここまでが、失楽園の物語である。神は人を追い出し、エデンの東にケルビムと、回る炎のつるぎとを置いて、命の木の道を守らせたとある。そして、かの地でカインとアベルの子どもを得た。神に五穀豊穣の祭祀をするときがやってきて、カインとアベルは供え物を捧げた。しかし、神はカインの供え物をとらないで、アベルの供え物を受けとった。それに腹をたてたカインは、アベルを殺害する。そして、神の怒りをかったカインは、耕した地から立ち去っていったという。それから、多くの氏族、民族が生まれていく。

アマテラスは高天原を治め、ツクヨミは夜の国を治めていた。スサノオは、海原を治めるようにと父からいわれた。しかし、海原を治めることに気がすすまず、父に逆らった。「母に会いたい」と告げ、高天原にいるアマテラスに会いにいった。そして、スサノオは、高天原を去っていったのである。失楽園によく似ている。

結論からいえばイザナミは生きていたのではないだろうか。であるからこそスサノオは母がいる国に行きたいといったために、イザナギの怒りをかってしまい、その地にいることができなかったということになる。

古事記は、日本創世の神話や伝説からはじまり推古天皇の時代までが網羅されている。創世期が神話という形になったことにより、歴史を紐解くことが難解になったことは否めないが、日本の歴史書として重要な文献である。そして、文学的にも高く評価されるものである。私たち日本人の宗教文化・精神文化に深く根付き、アイデンティテーともなっている。小泉八雲（パトリック・ラフカディオ・ハーン）は、ギリシャ出身である。父はイギリス軍医で、母がギリシャ人。島根県尋常師範学校の英語教師であった。妻の節子から日本神話や怪談、伝説、民話を聞き、独自の解釈を加えて情緒豊かな文学作品にまとめた。八雲は松江をこよなく愛した明治の文豪であった。八雲は、格言を残している。その小泉八雲の言葉をもって、最後を締めくくりたい。

『出雲は日本の「民族の揺籃《ゆりかご》の地」である』

２０１５年　１月吉日

吉岡節夫

◉監修者プロフィール

吉岡節夫（よしおか・せつお）

1953年、島根県松江市生まれ。

BRLM高速学習アカデミー学院長。日本応用心理学会会員。

著書には、50分で覚えるシリーズ『歴史』『地理』『公民』『理科』『数学』・『中学全英単語1250』『小学英単語500』（コスモ21）、『日本人ならやっておきたい ひらがな速読法』（KKロングセラーズ）、『仕事と勉強の特効薬 続ひらがな速読法』『高校からハーバード大学合格も夢ではない』『歴史を変えた卑弥呼』『甦る古代の王朝』（高速学習アカデミー）など、多数。

順説の古代史〈上〉

2015年 2月6日　初版第1刷発行

監修者　吉岡節夫
編　著　古代史研究会
発行者　吉岡節夫
発行所　株式会社BRLM高速学習アカデミー
〒170－0013　東京都豊島区東池袋1－32－5 大熊ビル4F
TEL 03－3986－5330　　FAX 03－3986－2030
ホームページ　http://www.brlmbook.com
印　刷
製　本　日本ハイコム株式会社

ISBN978-4-907895-52-5